Rakkaudelta minulle

Tiina Ahponen
Rakkaudelta minulle

Kustantaja: BoD · Books on Demand, Mannerheimintie 12 B,
00100 Helsinki, bod@bod.fi

Kirjapaino: Libri Plureos GmbH, Friedensallee 273,
22763 Hampuri, Saksa

ISBN: 978-952-80-9688-7

Olette minun valoni, Rakkauteni.
Ilman teitä olisin kadottanut itseni.
Omistan kirjan Rakkaille lapsilleni,
Patrikille ja Jeminalle.

Erityiskiitokset ystävälleni Marikalle.
Ihana, kun jaksoit kulkea kanssani tätä
matkaani. Olet Rakas.

Sisällys

Johdanto

Tämä maailma tarvitsee Rakkautta.

Näillä sanoilla haluan aloittaa kirjoittamaan. Näissä sanoissa on todellista syvyyttä sekä suuri merkitys. Tämän kirjan tarkoitus on kasvaa ja kehittyä ihmisenä. Kirjoitan omista kokemuksistani, puhun niin itselleni kuin muille. Toivon oman kasvutarinani ja matkani kohti päämäärää olevan hyvin avaava ja inspiroiva. Toivon sinun lukija löytävän oman totuutesi ja alkaa olemaan sen kanssa yhtä.

Jokainen luku vie eteenpäin kohti syvällistä ymmärrystä itsestämme ja kuinka voimme saavuttaa onnellisuuden kaikkien vastoinkäymisten jälkeen.

Kerron, kuinka vahva Rakkaus voi olla, miten se vaikuttaa kehoomme ja mieleemme. Mitä on elää Rakkauden voimassa, nähdä Rakkauden silmin sekä kuinka tähän yhdistyy rauha, luottamus, kiitollisuus, vapaus, anteeksianto ja runsaus.

Tässä kirjassa ei keskitytä negatiivisiin asioihin liikaa, vaan katsotaan positiivisuuden näkökulmasta. Tarkoituksena on eheytyä ja kasvaa uudeksi minäksi luomalla minäkuvansa uudestaan ja parantaa sielunsa syvimmät haavat.

Olen seurannut jonkin aikaa, kuinka eri ihmisissä näkyy Rakkaus tai miten he tuovat sen esille. Hyvin harvalla tätä näkyy ja silloin kun se todellakin näkyy, niin sitä ei voi olla huomaamatta. Yhteistä heille kaikille on se, että Rakkauden kautta eläminen on tuonut heille onnea, vaurautta ja runsautta monella tapaa. He selkeästi nauttivat elämästä ja hymyilevät paljon. Heillä on hyvä olla. He elävät Rakkauden voiman kautta.

Meillä jokaisella on tähän samaan mahdollisuus, kun aloitamme ymmärtämään, mitä todellinen Rakkauden voima on.

Olen syntynyt 70-luvun lopulla, lapsuus sekä teini-iän kasvanut 80- ja 90-luvuilla. Vertaan monesti nykyaikaa noihin lukuihin ja voin todeta, että moni asia on muuttunut ihmisten välillä. Kuinka naiset olivat enempi naisellisia ja miehet miehisiä sekä värien loisto oli ihan jotain aivan muuta. Ihmiset pysähtyivät keskustelemaan hyväntuulisina ja autettiin enempi toinen toisiamme. Oli talkoohenkeä, yhteisöllisyyttä ja paljon enemmän rennompaa menoa, vaikka työt saattoivat olla ja olivatkin raskaampia.

Katsellessani maailman menoa tänä päivänä ei voi olla miettimättä syvemmin, mikä täältä puuttuu. Mietin, mitä oli enempi lapsuudessani ja löysin vastauksen tähän – se on Rakkaus. Olemme hävittäneet niinkin ison asian kuin Rakkauden elämästämme.

Kirjoitan tarkoituksella Rakkaus -sanan isolla, koska haluan antaa tälle isomman merkityksen ja antaa huomiota näin tärkeälle asialle. Aloitin 2021 lokakuussa mielentyöni matkan. Tuntui tuolloin, että jotain on muututtava ja mikään, mikä ennen oli toiminut, ei tuntunut enää oikealle. Syvennyin käymään asioita läpi, kuuntelin ja seurasin monia eri somevaikuttajia sekä luin erilaisia kirjoja. Aloin ymmärtämään, miten erilaiset kokemukset ovat jättäneet erilaisia traumoja niin mieleeni kuin kehooni. Ymmärsin, kuinka samat asiat toistuivat elämässäni. Uskomukset, jotka ylettyivät jopa yli sukupolvien, vaikuttivat elämääni monella tapaa.

Näiden uskomuksien, tarinoiden ja traumojen läpikäynti on ollut hyvin antoisaa, koska olen oppinut niin paljon matkalla. Olen löytänyt rauhan, vapauden, rakkauden sekä osaan olla kiitollinen kaikesta kokemastani. Osaan antaa anteeksi ja luotan elämään ihan eri tavalla. Olen nyt varmempi ja vahvempi.

Osaan nyt pysähtyä tähän hetkeen ja osaan kuunnella sisäistä ääntäni. Ymmärrän naisellisuuden merkityksen minäkuvassani ja erityisesti ymmärrän Rakkauden merkityksen.

Tätä kirjaa kirjoittaessa tunnen suurta Rakkautta, jonka toivon välittyvän teille lukijoille.

Katson elämää Rakkaudesta käsin – Rakkaudelta minulle.

Tämä on henkinen matkani sieluni eheyttämiseksi – tämä on minun totuuteni.

Luku 1

Rakkaudelta minulle

Rakkaudelta Minulle

Elämäsi suurin Rakkaus olet sinä.

Tämän kirjan idean sain jo vuonna 2022. Halusin kirjoittaa Rakkauden merkityksestä ja miten se on vaikuttanut minuun sekä kuinka näen maailman Rakkaudesta käsin. Kirjan nimi selkeytyi seuraavana vuonna, mutta elämä vei eri suuntaan. Tuli terveysongelmia ja huomasin palaavani osittain takaisin samoihin kaavoihin ja ajatuksiin. Ymmärsin, että minun on vielä käytävä sisälläni olevia asioita läpi ja purettava niitä. Minun piti vielä kasvaa enemmän ja vahvistua.

Käsittelen omia tuntemuksia kaikella Rakkaudella ja annan asioille aikaa, jotta kaikki se, mikä haluaa esille tulla niin voi nousta pintaan. Monesti sisälleen on kätkenyt hyvin paljon kaikkea ja tämän kaiken esille tuominen sekä käsitteleminen vie aikaa.

Sen takia pitääkin olla lempeä itseään kohtaan ja ottaa vastaan omassa rauhassa ne muistot ja tunteet mitä sisälleen on sulkenut. Osa voi tehdä hyvinkin kipeää ja laukaista kehoonkin oireita. Mieli käy läpi näitä asioita vuoristoratamaisesti. Välillä joutuu pitämään taukoja ja keskittyä hengittämään.

Käsiteltyäni nämä asiat ja tehdessäni elämääni muutoksia monessa suhteessa oli taas aika palata miettimään kirjan kirjoitusta.

Olen seurannut merkkejä ja viittoja, jotka ovat osoittaneet polkuni suuntaa ja ymmärrän nyt, että minun on aika aloittaa kirjoittamaan tätä kirjaa. Koen, että korkeampi voima haluaa nyt minun vievän tämän loppuun asti. Nyt on aika – Rakkauden aika.

Annan Rakkauden puhua niin kuin se on puhunut minulle. En anna enää minkään tulevan minun ja tämän väliin. Ja tätä haluan myös muille, nähdä itsensä Rakkauden näkökulmasta. On aika antaa Rakkauden voiman näkyä ja tuntua.

Mitä sitten Rakkaus on? Se on tunne, joka saa meidät välillä leijumaan, saa hyvänolon tunteen aikaiseksi, hymyn huulillemme ja sen avulla uskallamme elää. Rakkautta on vanhempien ja lasten välillä, kahden ihmisen välillä, se on lähimmäisen Rakkautta, Rakkaus elämään, työhönsä, harrastukseensa ja vaikka unelmiansa kohtaan.

Mitä itse ajattelen Rakkaudesta? Se tuo tasapainoa, uskoa huomiseen ja toivoa paremmasta. Se tuo luottamusta elämään, tekee minusta vahvemman ja varmemman. Se saa minut hymyilemään kilpaa auringon kanssa ja herättää naisellisuuden esille. Rakkaus on täynnä värejä, ihania tuoksuja ja mahtavia makuja. Rakkaus antaa uuden merkityksen elämän ihmeellisyydelle. Rakkaus on ihmeistä suurin.

Itseä tuntui hyvinkin paljon yhdessä vaiheessa alkavan Rakkaus puhuttelemaan uudella tavalla. Ikään kuin se haluaisi tuoda uudesta näkökulmasta asioita esille. Se sai katsomaan ympärilleni ja näkemään elämän runsautta. Näkemään, että kaikki on hyvin. Värit alkoivat loistamaan enkä enää pelännyt kaikkea. Kiire loppui ja aloin keskittymään itseeni kuunnellen kehoani sekä sydämeni ääntä, mikä puhuttelee ja tuntuu hyvälle. Aloin poistamaan ne asiat, mitkä eivät tuntuneet enää palvelevan minua ja minun unelmiani. Aloitin elämään.

Meillä lapsuuteni kodissa ei juuri puhuttu olenkaan Rakkaudesta. Sitä ei sanottu ääneen ja muutenkin tuntuu suomalaiseen yhteiskuntaan kuuluvan, ettei Rakkaudesta juuri puhuta. Osa jopa säikähtää, kun mainitsen sanan Rakkaus. Tuntuu olevan eräänlainen tabu tai jonkinlainen kirosana, jos uskallat sanoa ääneen jollakin muotoa Rakkaus sanan.

Suomessa ei puhuta yhtä vapaasti arkikielessä Rakkaudesta. Kuten taas esimerkiksi Yhdysvalloissa se on normaalimpaa. Siellä saatetaan sanoa Rakastan tätä musiikkia, kirjaa, tunnetta, työtä, ulkopuolista henkilöä tai oikeastaan mitä tahansa. He ilmaisevat syvällistä tunnetta jostakin asiasta tai henkilöstä sanomalla Rakastan tätä.

Itse käytän välillä enempi, välillä vähempi ilmaisemaan suurta tunnetta jotakin kohtaan sanomalla *ai että, Rakastan tätä.* Koska se kuvaa parhaiten ja se tulee aidosti täysin koko sydämestäni.

Me puhumme välillä lapsieni kanssa sekakielellä. Käytämme puhuessamme englantia joko lauseina tai yksittäisiä sanoja. Sen takia saatan välillä sanoa englanniksi I Love this, it, that tai you. Englannin kieli on sointuisempaa kuin suomen kieli, ja sen takia käytän välillä enempi Rakkaudesta puhuessa Love.

Tuon esille nykyisin Rakkauteni lapsiani kohtaan enempi myös muille. Puhun asiasta julkisemmin ja häpeilemättä. En enää piilota millään tavalla suurinta asiaa elämästäni. Rakkaus ansaitsee tulla kuulluksi ja nähdyksi.

Aikaisemmin en ajatellut tiettyjen tekojeni taustalla olevan Rakkaus. Vasta mielentyöni alkaessa olen oppinut näkemään, miten Rakkaus on ollut läsnä monessakin asiassa elämäni eri vaiheissa.

Olen vuosien aikana antanut välillä lahjoja suurella merkityksellä. Ihmiset, jotka ovat minuun vaikuttaneet suuresti ja jos elämä lähtee viemään eri suuntaan, niin en halua vain jättää asiaa siihen, vaan aina olen intuitioni mukaan ostanut heille lahjan. Se on voinut olla esimerkiksi kori, johon olen koonnut monenlaista tavaraa.

Monesti kirjoitan vielä kortin tähän lahjan yhteyteen, missä kerron mikä tarkoitus milläkin tavaralla on. Esimerkki tällaisesta tavarasta ja miten olen kirjoittanut tästä. Se voi olla kynttilä, jonka yhteyteen olen kirjoittanut korttiin, että tämä henkilö on ollut auttamassa muitakin kuin minua elämän myrskyissä eksyneitä, niin että tämä henkilö on ollut se valo, joka näyttänyt polun pimeydestä pois oman valonsa avulla. Tämän vuoksi olen antanut hänelle kynttilän, jotta tuo valo ei sammuisi. Korttiin olen lisäksi piirtänyt kuvan, joka myös kuvaa omalla tapaansa tätä henkilöä.

On ollut mielenkiintoista nähdä, kuinka myös tyttäreni ostaa hyville ystävilleen välillä lahjoja suurella merkityksellä ja kirjoittaa tekstin lahjan yhteyteen sekä piirtää kuvan. Hän ajattelee hyvin samalla tavalla kuin minäkin.

Itse tunnen hyvin voimakkaita tunteita tällaisen lahjananon yhteydessä. Nyt ymmärrän, että kyse on ollut Rakkaudesta. Haluan jakaa Rakkautta heille, joilla on ollut iso merkitys minulle.

Nykyisin olen alkanut tuntea samoja tunteita myös silloin, kun päästän irti tavaroista ja annan niitä eteenpäin tai myyn. Toivon tavaroiden löytävän uuden hyvän kodin ja että ne vielä jatkaisivat ilon tuottamista muillekin. Samalla toivon, että voin jakaa näin maailmalle Rakkautta tavaroideni kautta.

Sama ajatus on minulla tämän kirjani kohdalla, että voin tämän avulla jakaa Rakkautta eteenpäin ja että kirjani näin toisi arvoa lukijalleen. Raha menettää merkityksensä, tärkeintä on, että pystyn antamaan enemmän kuin siitä on maksettu.

Olen antanut Rakkauden johdattaa minua ja olen syvästi kiitollinen siitä, mitä se on minulle opettanut. Se on laskenut minut hellästi alas pilvilinnoista, tuonut jalkani tukevasti koskettamaan maata, on opettanut olemaan armollinen itselleen ja antanut uskoa sekä toivoa paremmasta. Rakkaus on ollut suurin opettaja ja olen pyrkinyt olemaan nöyrä oppilas.

Palatakseni lapsuuteni aikoihin, niin vaikka sanoja ei käytetty ilmaisemaan Rakkautta, niin se näkyi välillä muulla tavoin.

Olin ehkä äidilleni omalla tavallaan enempi tärkeä, koska olin se nuorimmainen neljästä lapsesta. Ymmärrän nyt tämän merkityksen, koska itselläni on kaksi lasta. Nuorimmalle saatetaan antaa enempi huomiota, koska hän on viimeinen lapsi.

Tämä erityiskohtelu näkyi esimerkiksi siinä, että monet kerrat tullessani kotia koulusta minua odotti jotain hyvää, minkä äitini oli ostanut leipomosta. Itse en juonut kahvia vaan kaakaota, mutta äiti odotti pannu kuumana minun tuloa koulusta ja sitä hetkeä, kun voimme yhdessä nauttia kahvihetkestä ja herkuista.

Toinen kohta, missä tämä erityiskohtelu näkyi oli, kun äitini otti minut koulusta välillä vapaalle, että voimme lähteä isolle kylälle yhdessä asioille. Nämä hetket tuntuivat olevan hyvin merkityksellisiä äidilleni ja myöhemmin omien lapsieni kohdalla ymmärsin tämänkin asian. Olen toiminut näin samalla tavalla myös omien lapsieni kanssa.

Itse haluan olla hyvin tasapuolinen asioissa ja näin myös pyrkinyt ajattelemaan lapsienikin suhteen. Jos olen viettänyt aikaa toisen lapseni kanssa ja hänelle ostanut jotain, niin haluan tietenkin samaa myös toiselle lapselleni. Koska kumpikin on yhtä tärkeä minulle – toinen on esikoinen ja toinen on kuopus, toinen on tyttö ja toinen on poika. Kaikki on sopusoinnissa juuri niin kuin pitääkin. Tätä kuvaa hyvin jing ja jang.

Huomasin hyvin aikaiseen, että haluan lapsia jo nuorena. En muista minkä ikäisenä näin jo ensimmäisen kerran ajattelin. Halusin päästä olemaan äiti omalla tavallani eli tiesin jo hyvin aikaiseen, millainen äiti haluan olla. Toisaalta halusin viedä mukanani niitä tunteita ja asioita, mitä koin äitini kanssa ja taas toisaalta halusin tehdä joitakin asioita eritavalla.

Varsinkin halusin sanoa lapsilleni usein, kuinka paljon heitä Rakastan ja halata heitä mahdollisimman usein. Halusin myös suojella maailmalta lapsiani, joista ei vielä ollut edes mitään tietoa tuolloin. Tunsin ja ymmärsin silloin, kuinka paljon tulen Rakastamaan omaa pientä nyyttiäni. Ymmärsin Rakkauden merkityksen. Äidillinen tunne kasvoi entisestään, kun sain ottaa syliini ensimmäisen kerran pienen tyttövauvan. Se oli niin pieni ja hento ihmisen alku. Kyseessä oli vanhimman isoveljeni puolison siskon tyttö. Olinko tuolloin ehkä 12-vuotias, en ole ihan varma.

Kummiksi tulin ensimmäisen kerran, kun tämä sama veljeni sai puolisonsa kanssa ensimmäisen tyttövauvan. Olin tuolloin 15-vuotias. Tämä lapsi oli meidän vanhemmille ensimmäinen lapsenlapsi.

Kyseinen isoveljeni oli minulle läheisempi sisarruksistani. Meillä kummallakin oli astma ja koimme kummatkin olevamme erilaisia, eri arvoisia. Itse ainakin tunsin syvempää yhteyttä häneen ja olen aina nähnyt tietynlaisena kahtia jakona muutenkin meidät sisarukset. Siskoni ja nuorempi isoveljeni tuntuivat olevan niitä parempia, kun taas vanhempi isoveljeni ja minä olimme niitä ei niin hyviä. Myöhemmin myös toinen veljeni on siirtynyt enempi minun ja toisen veljemme piiriin. Ainakin näin minä näen asian.

Koska kirjoitan tätä kirjaa Rakkauden merkityksestä minun elämääni ja miten se on näkynyt elämäni eri osa-aluilla, niin tuon siksi esille eri tilanteita, joilla on ollut suuria vaikutuksia minuun. Nämä tilanteet ovat jääneet elämään omalla tavallaan, ne ovat kasvaneet ja niistä on muodostunut lopulta tarinoita ja uskomuksia. Eräs tällainen tilanne tuli vastaan ollessani alle 20-vuotias.

Itselle oli todella paha paikka se, että jouduin eroon tästä itselleni tärkeämmästä veljestä. Yhteys katkesi, kun olin pakotettu valitsemaan puoleni ja kuten jo toin esille, niin haluan olla aina tasapuolinen enkä pidä siitä, että joudun erityisesti valitsemaan puoleni pakotettuna.

Vaikka ymmärsin toisaalta asioiden laidat, miksi tähän oli päädytty ja olimme tuomarin edessä, niin ei minusta siihen tilanteeseen olisi pitänyt todellakaan missään vaiheessa joutua. Mielestäni oli tehty aivan liian vääriä valintoja ja henkilöt eivät osanneet keskustella keskenään. Jo tuolloin ymmärsin keskustelun taidon ja merkityksen. En vain osannut tuoda asioita esille ja koska minut oli aina pienennetty, minua vähäteltiin eikä pidetty arvossa, niin en voinut ilmaista itseäni oikein. En myöskään saanut edes tukea silloiselta mieheltäni, joka ei voinut saapua turvakseni tähän kuulemiseen.

Olin todella pettynyt pitkään lähimpiini ja jossain muodossa katkeroiduin ensimmäisen kerran. Puhun myöhemmin traumoistani ja niiden aiheuttajasta, lähipiirin miehestä. Mielestäni tällä samalla miehellä oli suurin vaikutus siihen, että asiat menivät niin pitkälle lopulta ja minä olin pakotettu valitsemaan puoleni. Tuntui, kuin olisin menettänyt sieluni puolikkaan, niin tärkeä oli tuolloin vanhempi isoveljeni minulle. Nykyisin toinen veljeni on läheisempi minulle ja voin keskustella hänen kanssaan vapaammin.

Tällaiset tilanteet ovat opettaneet hyvin paljon. Olen kasvattanut lapseni niin, että heille on kehittynyt syvä yhteys ja suorastaan aina ilo katsella ja kuunnella, kuinka hyvin heillä yhteys toimii. Kun kasvattaa täydellä Rakkaudella pyyteettömästi, ei voi muuta kuin onnistua.

Rakkaus näkyy monella tapaa ympärillämme sekä Rakkauden puuttuminen.

Olen kulkiessani katsellut ympärilleni, kuinka ihmiset käyttäytyvät, liikkuvat, millainen kehon kieli heillä on, millaisella äänensävyllä puhuvat ja miltä heidän kasvonsa näyttävät. Sekä tietenkin katsonut pukeutumistyylejä ja yleisilmettä, habitusta. Me annamme hyvin paljon tietoa itsestämme ulospäin, vaikka kuinka yrittäisimme piiloutua.

Olen monesti sanonut, että ympärilläni kävelee harmaa ihmismassa, vaeltava zombikansa, joka menee eteenpäin ilman päämäärää tai luullen, että heillä on päämäärä.

Seuratessani tätä vaeltavaa ihmismassaa olen miettinyt, että kuinka moni nauttii elämästään. Iloitseeko ja käveleekö määrätietoisesti kohti unelmiaan vai oikeastaan edes ymmärtää, mitä heidän ympärillään on jo.

Hymyjä ei juuri näe tai että katsottaisiin silmiin, saati että tervehtisi kanssakulkijaa. Toki suomalainen kansa ei osaa fiksua smalltalkia. Tarkoitan tällä myönteistä, positiivista keskustelua. Suomalaiset ei jostain kumman syystä osaa puhua kuin vain negatiivisista asioista, kuten sää ei miellytä, käydään läpi terveysongelmat, valitetaan siitä tai tästä.

Toki on aina niitä, jotka ovat poikkeuksia ja nämä yleensä jäävät mieleenkin paremmin, koska niistä jää hyvä tunne itselle.

Ennen oli myös lähimmäisen Rakkaus läsnä enempi. Tämä näkyi yhteishengessä, koulun ja kodin välillä, kyläläisten kesken sekä erilaisissa kokoontumisissa. Ennen pidettiin ovet auki kaikille, toivotettiin tervetulleeksi vieraat ja aina oli kahvi tippumassa sekä kahvileipää tarjolla. Tai jos ruoka-aikaan sattui, niin katettiin pöytä vieraallekin.

Kaikessa tässä oli Rakkaus läsnä. Nyt ei haluta, että kukaan huomaisi, mennään ohi, vaikka pitäisi pysähtyä auttamaan tai tervehtimään vanhaa tuttua. Ikään kuin pelkäisimme, että joku huomaa meidät. Piiloudumme värittömiin vaatteisiin, pidämme katseemme maassa, kävellään vauhdilla paikasta toiseen ja äkkiä kotia piiloon. Tai tällainen vaikutelma on ainakin itselle tullut katsoessa kanssakulkijoiden menoa.

Itsekin olen sortunut toimimaan näin aiemmin ja toki väsyneenä ei aina jaksaisi pysähtyä juttelemaan, mutta tiedän, että miten suuri merkitys hetken pysähtymisellä ja keskustelulla voi olla toiselle ihmiselle. Se hetki voi olla tämän toisen henkilön ainoa kunnollinen keskusteluhetki vähään aikaan, joten siksi jään vaihtamaan edes jonkun sanan ja hymyilen samalla. Olen läsnä siinä sen hetken ajan ja tämä hetki ei ole minulta pois mitenkään. Teen tämän kaikella Rakkaudella toista ihmistä kohtaan.

Tapasin tässä jokin aika sitten erään työtiimiläiseni aikaisemmasta työpaikastani. Jutellessani hänen kanssaan muistin, kuinka paljon pidin siitä, että sain olla juuri heidän esimiehensä. Tähänkin yhteyteen osasin yhdistää heti, että Rakastin tuota työtäni ja niitä hyviä tyyppejä tiimissäni sekä muitakin työkavereitani. Kyseistä työpaikkaa ajattelen monesti lämmöllä.

Avaan asioita lisää kirjan edetessä ja kuinka oppia huomaamaan, miten asiat vaikuttavat sekä millä tavalla ottamalla Rakkauden mukaan elämäänsä, se voi muuttaa hyvinkin paljon asioita.

Tässä kirjassa käydään läpi omaa minäkuvaa, omia unelmia ja tavoitteita Rakkaudesta käsin katsottuna. Tuon esille omia kokemuksiani ja kuinka olen muuttanut elämäni Rakkaudesta käsin elettäväksi.

Rakkaudelta minulle on lempeä ja lämmin halaus hyvältä ystävältä tai rakastajalta. Toivon, että jokainen lukija saa tuntea tämän tunteen.

Luku 2

Minäkuva

Minäkuva

Minäkuvasi heijastuu ulospäin ja näin vedät sen mukaisesti asioita puoleesi.

Monelle saattaa olla tuttu asia minäkuvan muokkaaminen sekä unelmakartta. Itse olen enempi tehnyt erilaisia karttoja, minäkuvaa en ole niinkään tarkoituksella ja ajatuksen kanssa aiemmin lähtenyt muuttamaan. Avatakseni hieman näitä. Unelmakartta liittyy nimensä mukaisesti unelmiin ja haaveisiin, joita haluaa tavoitella. Siinä voi olla pienempiä tavoitteita ja suurempia unelmia. Kartta on jonkinlainen yhdistelmä joko kuvista tai piirroksista, joita laitetaan A4-paperille, kalenteriin, vihkoon tai isommalle taululle eli sellaiseen paikkaan, mikä tuntuu itsestä parhaimmalle paikalle. Tämä voi olla vaikkapa seinällä näkyvillä kaikille tai se voi olla näkyvillä vain itselle. Siihen voi liittää sanoja tai valokuvia. Se monesti tehdään joulu-tammikuussa seuraavalle vuodelle. Toki sen voi tehdä milloin vain ja laittaa sille aikajanan, milloin mikäkin olisi maalissa.

Minäkuva liittyy taas siihen, millaisena näemme itsemme. Kuka me olemme, millainen meidän persoona ja luonteemme on. Miten näemme itsemme ja ajattelemme itsestämme. Meillä jokaisella on käsitys itsestämme, arvoistamme, tunteistamme, siitä mistä me pidämme tai emme pidä.

Minäkuva muokkaantuu elämämme aikana monta kertaa. Ensimmäisen minäkuvan muodostamme itsestämme lapsuudessa. Se miten meistä puhutaan ja kerrotaan vanhempien tai muiden ihmisten välityksellä muokkaa meidän minäkuvaamme ensimmäisen kerran ja luo pohjan tälle.

Myöhemmin minäkuva joko vahvistuu tai voi lähteä muuttumaan, jos itse haluamme muutosta tai muutos voi tulla ulkopuolelta muiden ihmisten välityksellä, kun aletaan kertomaan, millainen olet.

Saatamme ajatella minäkuvamme olevan tietynlainen, mutta silti emme elä sen minäkuvamme mukaisesti. Sen takia tätä asiaa on hyvä katsoa välillä, kuka me olemme ja elämmekö sen mukaisesti. Tai että onko minäkuva jonkun muun muokkaama ja elät jonkun muun minäkuvan mukaan, kuin sen todellisen, kuka sinä olet.

Itse olen huomannut tarkastellessani taaksepäin omaa elämää, niin minäkuvani on muuttunut tietyissä tilanteissa selkeästi.

Teini-iässä minäkuvamme lähtee muodostumaan seuraavan kerran, kun kasvamme kohti aikuisuutta. Alamme muodostamaan itseämme kokeilemalla, mikä tuntuu hyvälle ja saatamme vastustaa asioita. Haemme ehkä eniten tässä vaiheessa paikkaamme maailmassa, mitä haluamme tehdä, missä asua ja opiskella. Myös teini-iässä seura muuttaa meitä.

Seuraavan kerran minäkuvamme muuttuu, kun aikuistumme ja joudumme miettimään asioita eri tavalla. Yhteiskunta alkaa vaikuttamaan meihin enempi, ehkä vanhempien vaatimukset ja odotukset vaikuttavat sekä seurustelusuhteet. Sitten työelämä vaatimuksineen, työympäristöt ja työkaverit voivat vaikuttaa meihin. Samoin myös mahdolliset muut harrastukset, asuinympäristö, ystäväpiiri ja vanhemmuus tulevat jossain määrin muuttamaan minäkuvaamme.

Tutummin asiaa voidaan ajatella kasvuna, jota se myös on, mutta sillä on myös vaikutukset minäkuvaamme. Emme vain osaa ajatella sen olevan minäkuvamme muokkaamista eli teemme tätä tiedostamattamme. Alitajuntamme toki tietää todellisuuden ja sen hetkisen minäkuvamme, jonka takia taas toimimme tiedostamattomasti tietyllä tavalla.

Itse olen minäkuvaani selkeästi muuttanut, kun olen tehnyt erilaisia päätöksiä elämässäni. Isoin muutosprosessi alkoi silloin, kun aloin työstämään ajatusta miehestäni eroamisesta. Koska olin liian heikko minäkuvaltani, minun piti vahvistaa itseäni niin, että olin tarpeeksi vahva lähtemään erilleen.

Vaikka asioiden käsittely vei aikaa tämän eroni jälkeen useamman vuoden, niin kokoajan samalla muutin minäkuvaani sitä mukaa, kun opin ymmärtämään, kuka minä haluan olla.

Ennen tätä muutosprosessia oli tietenkin muuttaneet minäkuvaani tiettyyn suuntaan ensin lapsuuteni tapahtumat ja henkilöt. Sen jälkeen mieheni vahvisti näitä luoden minulle sellaisen minäkuvan, että en kokenut olevani yhtään mitään. Tälle sen silloisen tunteen itsestäni tunsin olevan.

Voisikin sanoa, että vasta eroni jälkeen aloin muokkaamaan minäkuvaani, joka olisi pitänyt tehdä aikuisuuden kynnyksellä. Kokeilin ja tein asioita, joilla hain paikkaani ja mitä haluan tehdä tai kuka haluan olla. Nämä vuodet olivat hyvin voimakkaasti mullistavia ja itsensä tutkiskelun aikaa. Samalla piti jaksaa olla yksinhuoltajaäiti, miettiä omaa talouttaan ja käydä töissä. Myös ulkopuolelta tulevat sanattomat vaatimukset siitä, mitä sinulta odotettiin tai haluttiin, painoivat vielä lisäksi päälle.

Kasvua on tullut monella tapaa, minäkuva on muokkaantunut monet kerrat ja elämä on kulkenut siinä sivussa kokoajan eteenpäin.

Vaikka muutosta tuli, silti moni asia tuntui jumittuvan paikoilleen. Tietyt kaavat toistivat itseään ja tietyt tunteet aina nousivat selkeästi pintaan. Vasta mielentyöni matkan aloittamisen jälkeen alkoi nousta todellinen ymmärrys asioihin ja kuinka näitä asioita pitäisi käsitellä sekä mitä pitäisi työstää, jotta lopultakin kaikki selkeentyisi. Tällöin elämääni tuli hyvin voimallisesti mukaan Rakkaus. Kun aloin käsitellä asioita kaikella Rakkaudella itseäni kohtaan, alkoi todellinen muuttuminen. En heti osannut yhdistää vielä tuolloinkaan tätä muutosta minäkuvaani, vaan tämä tuli esille myöhemmin mielentyöni matkalla. Aloin ymmärtämään todellisen minäkuvan merkityksen.

Tie on ollut pitkä, mutta se on ollut todella antoisa. Koska uskallan ajatella asioita hyvinkin laajasti, niin aloin miettimään syvällisempää merkitystä minäkuvan kohdalta. Aloin ajatella, kuinka minäkuvani vaikuttaa siihen, mitä haluan elämässäni tavoitella ja toteuttaa. Tästä syntyi ajatus visiotaulusta.

Itselle iski selkeä tunne, että minun pitää yhdistää nämä kaksi asiaa – unelmakartta sekä minäkuva. Tästä yhdistelmästä tuli visiotaulu, jonka tein seinälleni.

Mainitsinkin jo aiemmin, että meillä käytetään sekakieltä välillä ja tämä näkyy myös visiotaulullani. Käytän taululla paljon kuvia, mutta siellä on myös yksittäisiä sanoja mukana, niin suomeksi kuin englanniksi.

Jos lähdetään miettimään minäkuvaa ja omia unelmiamme, niin kohtaavatko nämä toisensa?

Ovatko unelmamme linjassa oman minäkuvamme kanssa? Voisiko tässä olla syy, miksi unelmat eivät toteudu?

Voisi sanoa, että minulle avautui aivan uusi näkemys ja ymmärrys, että nämä kaksi asiaa on saatava samalle linjalle ja tasolle. Jotta voisin saavuttaa unelmani, minun on oltava unelmieni tasolla myös minäkuvani suhteen.

Aloin tarkastella omaa minäkuvaani. Olin ajatellut, että olen käsitellyt traumojani ja uskomuksiani niin, että olen päässyt näiden yli. Huomasin kuitenkin, että kun laitan unelmani ja minäkuvani vierekkäin niin nämä eivät tunnu ikään kuin sopivan yhteen. Jossain oli joku pielessä.

Aikaisemmin mainitsin mielentyöni aloituksen ja kuinka kävin alkuun paljon asioita läpi. Puhdistin syvällisesti sieluani traumoilta ja kehooni jääneitä kokemuksia. Opettelin hengittämään, ymmärsin millaisia uskomuksia minulle on kerrottu ja kuinka nämä olivat lähteneet elämään niin mielessäni kuin kehossani.

Olen oppinut, että hetkessä et pääse yli kaikesta kokemastasi, vaikka kuinka purkaisit ja käsittelisit asioita. Jokin tilanne, henkilö saattaa saada syvälle juurtuneita tunteita esille tai vanhoja "arpia" alkaa uudestaan särkeä. On siis ymmärrettävä antaa aikaa näiden purkamiselle, jopa useamman kerran.

Kun laitoin minäkuvani ja unelmani vierekkäin aloin tarkastella, millä tasolla omat energiat virtaavat ja millaisia tunteita nämä herättävät. Asioita voi myös tarkistella vetovoiman lain tai värähtely lain kautta. Mitä vedät puoleesi, sellainen on minäkuvasi. Millä tasolla värähtelet? Oletko samalla tasolla kuin unelmasi?

Vaikka olin minäkuvaani jo muuttanut, mutta mainitsemani terveysongelmat vaikuttivat niin, että olin palannut vanhoihin uskomuksiin osittain. Huomasin myös, kuinka lähelläni olevista ihmisistä tuli vaikutteita. Erityisesti yksi ihminen vaikutti yllättävän paljon minuun negatiivisesti. Koska ymmärsin, että pitää osata jättää taakseen ne asiat, mitkä eivät enää sinua palvele ja kuulu näin ollen tulevaisuuteesi, niin päätin jättää tämän henkilön elämästäni pois.

Tein itselle listausta piirteistä, joita arvostan toisissa ihmisissä sekä mitä haluan itsekin olla. Myöhemmin nimitin tämän listan tarkistuslistaksi.

Koska kuuntelen sisäistä ääntäni, tuli tunne, että pitää käydä lähelläni olevia ihmisiä ja asioita läpi tämän listan avulla. Oli suorastaan hämmästyttävää huomata, miten jo poistetut henkilöt elämästäni eivät osuneet listallani oleviin kohtiin ollenkaan. Olin siis ollut oikeassa, kun jätin taakse nämä ihmiset, jotka tuntuivat enempi vievän minulta, kuin antavan.

Tällä minun tarkistuslistallani on 28 eri kohtaa. Muutamia kohtia tuodakseni esille ovat lempeä, rauhallinen, rento, varma, luotettava, rehellinen ja aito. Nämä ovat enemmän luonteenpiirteitä. Muita mihin kiinnitän huomiota ja haluan näitä itsekin olla ovat muun muassa helposti lähestyttävä, valoa hohtava, uskoo mahdollisuuksiin, elää nykyhetkessä, uskaltaa unelmoida suurestikin ja tekee asioita suurella sydämellä.

Tarkistuslistan avulla voin katsoa elämän eri osa-alueita, voinko esimerkiksi olla näitä asioita niin työssäni kuin kotonani tai vaikkapa sukulaisteni kanssa.

Itse en olisi voinut olla aikaisemman vanhemman minäkuvani kanssa näitä kaikkia tarkistuslistani kohtien mukaisesti monellakaan elämäni osa-alueella. Olin liian epävarma, arka ja elin niin monen uskomukseni kanssa sekä aikaisemmat kokemukseni määrittelivät minua.

Nyt kun katson listaani ja vertaan eri osa-alueisiin sitä, niin koen suureksi ilokseni erittäin hyvää tunnetta siitä, että voin ylpeästi sanoa – minä olen tätä kaikkea jokaisella osa-alueella.

Samalla tunnen suurta Rakkautta ympärilläni ja sydämessäni. Olen Rakastettu.

Jos et ole aiemmin miettinyt minäkuvaasi tai tunnet, ettet osaa lähteä miettimään tai jopa et uskalla lähteä ajattelemaan millainen ihminen haluat olla ja miten ajattelet asioista, niin jätä asia hautumaan joksikin aikaa. Monesti asiat selkeytyvät enempi, kun ottaa välimatkaa, käy happihyppelyllä ja tekee jotakin muuta välissä. Sinun ei tarvitse tehdä mitään nyt heti valmiiksi. Palataan asiaan uudestaan.

Mitä muuta sitten mietin minäkuvani muodostamisen yhteydessä? Yksi asia nousi ensimmäisenä mieleeni, kun aloitin minäkuvani todellisen muutosprosessin mielentyöni matkalla. Se oli uuden minäkuvani ympäristö.

Lähdin miettimään mitä haluan nähdä ympärilläni. Paljon valoa, lämpöä, rauhallisuutta ja on tilaa hengittää. Paljon ihania tuoksuja ja makuja. Iloisia ihmisiä, erilaisia eläimiä ja luonnon ääniä. Tunnetila tässä on rento, rauhallinen, elämä on pysähtynyt siihen hetkeen ja tunnen Rakkauden läsnäolon. Elämä on kaunis ja ihmeellinen. Olen elossa ja olen puhjennut loistamaan. Olen kotona.

Minä siis en käy perinteisellä tavalla minäkuvaani läpi, vaan mietin, miten yhdistän tämän unelmiini. Sen takia minäkuvani ympäristöllä on myös oma merkityksensä.

Tämän lisäksi lähdin kirjoittamaan tarinaa itsestäni. Jokaisella on oma tarina, kuka minä olen. Ja tällä on iso merkitys minäkuvan muodostamiseen, mihin tarinaan uskot. Onko tarina itsesi muodostama vai jonkun muun? Ja jos olet sen itse muodostanut, elätkö sitä? Onko tarina negatiivinen vai positiivinen? Jos jonkun muun tarina, niin olisiko aika lähteä muuttamaan se sinun omaksesi?

Otan esille muutamia kohtia minun uudesta tarinastani – uudesta minästäni. Olen vahva, päättäväinen, rohkea, uskalias, itseään arvostava, itseensä uskova, naisellinen ja itsevarma. Olen myös vahva oman sisäisen tunteeni kanssa. Tunnen, kuinka seison suoremmassa, varmana, katse eteenpäin ja olkapäät alhaalla kauniina naisena. Luotan elämään ja korkeampiin voimiin. Tavoittelen unelmiani ja teen jokaisen asian elämässäni niin, että se vie minua kohti unelmaelämääni. Tunnen ympärilläni Rakkauden voiman. Minä olen ihmeellinen.

Me voimme luoda hyvänkin minäkuvan, mutta jos et sisimmässäsi usko tähän, et pysty myöskään saavuttamaan unelmiasi. Sinun on uskottava uuteen minäkuvaasi ja alettava elämään sitä. Sinun on tunnettava niitä tunteita, mitä uusi tarina pitää sisällään. Itselle suurin tunne on Rakkaus. Kun otamme Rakkauden vastaan, pystymme luomaan minäkuvamme uusiksi.

Meidän puolustusjärjestelmä voi alkaa "huutelemaan" sisällämme, että älä muuta itseäsi, olet juuri noin ihan hyvä ja se yrittää saada sinut palaamaan takaisin. Tässä vaiheessa on hyvä tarkastella, onko sisälläsi vielä uskomuksia ja kokemuksia, jotka haluavat määritellä sinua. Nämä asiat on hyvä kohdata, olla niistä kiitollinen, antaa anteeksi menneille ja päästää niistä irti.

Sinun on puhuttava puolustusjärjestelmällesi lempeästi ja Rakastettavasti – kaikki on hyvin.

Sen lisäksi, että saat muutettua sisältä päin asioita uutta minäkuvaasi vastaavaksi, on hyvä kiinnittää huomiota ulkopuolella oleviin asioihin. Eli jos lähelläsi on hyvin negatiivisia ihmisiä ja et voi näistä irtaantua, niin vahvistaaksesi tuota sisäistä uuden minäkuvan muodostamista, opettele hengittämään tietoisesti. Monesti alamme hengittää hyvin pinnallisesti tällaisten henkilöiden läheisyydessä.

Hengitä rauhallisesti ja pitkästi nenän kautta sisään, pidätä hetki ja puhalla nenän kautta pitkästi ulos. Tee mahdollisuuksien mukaan 3–5 kertaa tämä tällaisissa tilanteissa. Samalla ojenna itseäsi suorempaan, koska monesti vetäydymme kuoreemme näissä tilanteissa. Sen takia olen lisännyt omaan minäkuvaani, että kuinka seison, kävelen, istun, millainen kehoni kieli on, äänensävy, kasvojen ilmeet, käsien asento ja oma asenne vastaavissa tilanteissa sekä muutenkin. Kaikkien näiden on oltava synkassa.

Tämä antaa kuvan vahvasta ja varmasta henkilöstä. Olet uskottavampi ja myös sisäinen minäsi uskoo tähän, kun teet sen tietoisesti ja läsnä olevana siinä hetkessä.

Voit harjoitella näitä tilanteita varten peilin edessä. Kokeile ensin, miltä näytät vanhan minäkuvasi kanssa ja sitten uuden. Siinä huomaa samalla eron, miltä näytät muiden edessä. Se ei tee sinusta ylpeää väärällä tavalla tai tee itsekästä sinusta, jos seisot suoremmassa, vahvana ja varmana. Se tekee sinusta ylpeän oikealla tavalla, nostat itseäsi esiin ja vahvistat itseäsi. Sillä sinun on oltava synkassa sisäisen sekä ulkoisen minäsi kanssa. Sinun minäkuvasi heijastuu ulospäin ja vahvistaaksesi tuota minäkuvaasi, sinun on katsottava peilin kautta, oletko samassa linjassa, synkassa sisäisen minäsi kanssa.

Olet varmaankin kuullut, että sisäinen kauneus näkyy ulospäin. Silloin kun minäkuva on kunnossa, niin sinä hohdat sitä kauneutta ulospäin. Se näkyy kirkkautena, silmien säihkeenä ja hymynä kasvoillasi. Se korostaa naiseuttasi ja miehillä miehisyyttä. Samalla tavalla tämä siis toimii kummallekin.

Itse näen monenkin Rakkaudessa elävän henkilön kohdalla tämän sisäisen hehkun. Joitakin saattaa ärsyttää ja tiggeröidä hymyilevä, onnellinen ihminen, josta näkee kuinka varmana ja vahvana hän menee eteenpäin. Näiden Rakkaudessa elävien olemus, kun on ihan erilainen ja värähtelevät ihan eri tasolla. Tämän takia joitakin voi ärsyttää tällaiset ihmiset.

Näillä henkilöillä on kaikki hyvin jokaisella elämän osa-alueella. Ja tätä minä haluan muillekin niin kuin itsellenikin. Elämä muuttuu ihmeelliseksi, kun muutat minäkuvaasi uudella tavalla ja yhdistät sen samalla unelmiisi.

Minäkuva heijastaa sitä, mikä on meidän todellinen olemuksemme. Tämän heijastuksen voimme nähdä kohdatessamme muita ihmisiä. Jokainen näkee omalla tavallaan, sen oman minäkuvansa kautta, kohtaamansa henkilön. Siksi toiset tiggeröityvät ja toiset ihastuvat. Ei kannata ottaa tätä itseensä, jos reaktio on negatiivinen. Ole vain oma itsesi, oman minäkuvasi mukainen.

Koska värähtelemme eri tasolla ollessamme sen tason mukaisesti, niin jos joku muu on eri tasolla, emme siksi pysty löytämään välttämättä yhteistä säveltä. Tässä voi olla se syy, miksi ärsyynnymme tai tiggeröidymme jostakin, kun toinen ei värähtele kanssasi samalla tasolla.

Näin joskus Instagramin syötteessä videon, jossa pöydällä oli äänirauta 440 Hz ja sen vieressä oli pallo narun päässä. Ensin videolla oleva mies otti toisen ääniraudan käteensä ja löi sitä muutaman kerran kevyesti tämän pöydällä olevan ääniraudan vieressä. Mitään ei tapahtunut. Sen jälkeen hän otti saman tasoisen ääniraudan käteensä ja löi sitä tämän toisen ääniraudan vieressä ja vaikutus näkyi heti. Toinen äänirauta alkoi myös värähdellä ja sai näin ollen pallon liikkumaan.

Tämän opetus oli mielenkiintoinen, kun ajatellaan asiaa syvemmin. Jos värähtelet jonkun kanssa samalla tavalla, saatte aikaan enemmän. Jos taas et, mitään kunnollista ei voida saavuttaa. Eli jos mietitään vaikka työpaikalla tilannetta, jossa kaksi ihmistä ei tule toimeen keskenään, niin nämä eivät tällöin ole samalla värähtelytasolla ja tilanne voi eskaloitua pahastikin. Jos taas tehdään muutos, että vaihdetaan toisen henkilön paikkaa ja saadaan kummallekin samalla tasolla värähtelevä henkilö hänen viereensä, muutos voi olla hyvinkin merkittävä. Ilmapiiri muuttuu, työt alkavat sujua ja tulosta alkaa tulla.

Mistä sitten tietää, että olet samalla värähtelyn tasolla jonkun kanssa? Ajattelette yhtä aikaa samalla tavalla jostakin tai jatkatte toinen toisenne lauseita. Minulle ja tyttärelleni käy näin monta kertaa. Välillä tuntuu, kuin mielemme olisi yhdistetty.

Onkin hyvä katsoa meidän omaa elämää eri osa-alueilla, että värähtelemmekö varmasti samalla tasolla, jotta se saa vastakaikua ja saa aikaan oikeanlaista liikettä. Tällä on siis merkitystä ja näin alat vetämään samalla puoleesi hyviä asioita sekä niitä unelmiasi, kun löydät oikean tason tai oikeat henkilöt elämääsi.

Niin kuin toin esille, että värähtelemme tietyllä tasolla ja saavuttaaksemme jotain pitää nousta ylöspäin. Mitä korkeampi värähtely, sitä isommat vaikutukset.

Siirtyessäsi eteenpäin seuraavalle tasolle ja kun viet muutoksen samalla minäkuvaasi, kiitä vanhasta ja päästä siitä irti. Tee tämä tietoisesti, jotta alitajuntasi ymmärtää tämän. Otat vastuun muutoksesta ja teet tämän itsesi parhaaksi. On aika olla sitä, mitä todella olet.

Vahvistaaksemme uutta minäämme voimme eri tilanteissa ajatella niin, että miten uusi minäsi toimisi tässä tilanteessa. Itse välillä ajattelen myös niin, että miten Rakkaus toimisi. Ja jos tuntuu olevan jonkinlaista pientä vastustusta edelleen, niin silloin tietoisesti keskityn rauhoittamaan itseäni ja perustelen muutosta itselleni.

On todella mielenkiintoista huomata, miten mielemme reagoi uusiin muutoksiin ja miten se tuntuu koko kehossa. Ennen koin paljon kovempaa vastustus kuin nyt. Olen oppinut ottamaan asiat rauhallisemmin vastaan, kuunnellen kehoani ja miten se vastaa näihin tilanteisiin. Sen mukaan tarvittaessa pysähdyn tarkistelemaan, onko jotain sisälläni käsiteltävää, mikä vastustaa vai onko se enää heijastus vanhasta tunnetilasta.

Minäkuvan muutos vapauttaa meidät olemaan se, mikä me todella olemme. Uskalla siis vapauttaa sisimpäsi sekä opi iloitsemaan ja nauramaan koko sydämelläsi. Opi olemaan oma itsesi aina ja missä vain.

Tärkeintä on sitoutua muutokseen, luottaa ja uskoa itseensä. Lopeta vastustaminen ja pääse eroon vanhasta. Nyt on täydellinen hetki muutokselle.

Sinun minäkuvasi on sinun unelmasi ja unelmasi on sinun minäkuvasi.

Luku 3

Unelmakartta

Unelmakartta

Jokaisella meistä on unelmia.

Ne voivat olla pieniä tai suuria. Saattaa olla, ettei edes ole ajatellut jonkun asian olevan unelma, koska monesti emme uskalla unelmoida tai puhua unelmistamme ääneen. Saatamme piilottaa unelmamme toisilta, kuten alussa mainitsin, että meillä on jostain kumman syystä tapana piiloutua, tavalla tai toisella.

Itse olen tehnyt useammankin unelmakartan. Olen laittanut osan näkyville, osan pitänyt näkyvillä itselleni. Sanon ihan suoraan, että aika heikosti ovat unelmani toteutuneet niillä ohjeilla, mitä minulle on aiemmin annettu. Joitakin pienempiä asioita on toteutunut tai osittain toteutunut. Suurimmat unelmani vielä odottavat toteutumistaan.

Varsinkin tässä mielentyön aikana olen tehnyt useamman kartan tai sen tapaisen. Olen lukenut kirjoja aiheeseen liittyen ja kuunnellut somevaikuttajia asian tiimoilta. Joitakin pieniä kurssejakin olen ottanut tai kuunnellut ilmaisia luentoja. Mutta silti ei ole tullut muutosta asioihin.

Monelle on varmasti tuttua, että kirjoita ylös unelmasi mahdollisimman tarkkaan. Sen jälkeen yhden neuvon mukaisesti unohda asia eli älä mieti enempää asiaa, vaan anna universumin tehdä taikojaan. Toinen neuvo on, että tämän jälkeen mieti joka päivä tätä unelmaasi.

Olen tehnyt kummallakin tavalla eikä silti ole tapahtunut mitään mullistavaa. Sitten tietenkin olen leikellyt kuvia lehdistä, etsinyt netistä kuvia ja jopa piirtänyt kuvia. Sama vaikutus – mitään ei tapahdu.

Sitten olen kokeillut liimata oman kuvani unelmieni yhteyteen, että universumi ymmärtäisi, että se olen minä, joka näitä unelmia haluaa. No ei tämäkään ole tuottanut tuloksia.

Olen myös piirtänyt tavoitepuun, johon piti merkata aloituspäivämäärä eli milloin piirsin tämän ja sitten, milloin haluan tämän olevan maalissa. Tähän tuli päätavoite, pienempiä tavoitteita, miksi teen nämä tavoitteet, miten aion saavuttaa nämä ja kenen, minkä avulla aion mahdollistaa nämä. Tämä piti myös signeerata vahvistaakseen asiaa. Tämäkään ei toiminut.

En ole kuitenkaan luovuttanut, koska olen kokeilun haluinen ja haluan tavoittaa suurimmatkin unelmani. Tämä on oma missioni ja sydämessäni tiedän, että minun kuuluukin saada nämä maaliin. Ja miksi näin koen? Koska tämän salaisuuden unelmien saattamisesta maaliin, haluan jakaa muidenkin kanssa. Haluan antaa uskoa kaikille, että jokainen meistä on oman unelmansa arvoinen.

Toiset haluavat pitää onnen itsellään. Itse taas koen, että onni on tarkoitus jakaa, laittaa hyvä kiertämään.

Miksi sitten nyt uskon unelmieni toteutuvan? Koska en ole aiemmin kokenut niin voimakasta tunnetta, että suunta on oikea ja niin monta merkkiä on annettu, että nämä vahvistavat päivä päivältä suunnan olevan oikea.

Jotta voimme saavuttaa unelmamme, on uskottava niihin. Uskoa vahvistaakseen on tunnettava luottamusta omiin unelmiin ja siihen, että korkeampi voima auttaa meitä luomaan unelmamme todeksi.

Sanotaan, että alitajuntamme on ehtymätön luomisvoima. Aiemmin ajattelin, että olen synkassa alitajuntani kanssa. Näin ei kuitenkaan ollut, koska aloittaessani mielentyöni ja siinä edetessä aloin unelmoimaan suuremmin ja varmemmin kuin koskaan, niin en silti päässyt tavoitteisiini. Pääsin kyllä osittain ja tähän olin tyytyväinen, koska se vei hieman eteenpäin.

En kuitenkaan ajatellut silloin syvemmin, miksi jotain sain maaliin, mutta suurimmat unelmat jäivät edelleen niin sanotusti rannalle odottelemaan.

Minulla on muutama sanonta, joita käytän tietyissä tilanteissa. Yksi niistä on *Jokaisella asialla on tarkoituksensa, aikansa ja paikkansa.* Monesti jälkeenpäin huomasin, miksi jonkun asian piti mennä niin kuin se meni. Ensimmäisten kertojen jälkeen meni pitkään ennen kuin ymmärsin tämän merkityksen. Myöhemmin aloin miettimään jonkin asian mentyä tietyllä tavalla, että onkohan tällä jokin tarkoitus, kun se meni näin. Nyt ajattelen jo etukäteen, että tämä asia menee, niin kuin sen on tarkoitus mennä.

Me kehitymme kokoajan, jos uskallamme lähteä muuttamaan asioita. Itsellä on taustalla monia traumoja, kokemuksia ja uskomuksia, jotka ovat määritelleet elämääni vuosikymmenien ajan, lapsuudesta lähtien.

Paljon on vaatinut aikaa ja ymmärrystä mistä on kyse. Se on tuonut tiettyjä ihmisiä tiettyihin hetkiin elämässäni, paljon itsetutkistelua ja lopulta ison päätöksen, että nyt riittää.

Toiset pysyvät samanlaisina koko elämänsä ja ovat siihen hyvin tyytyväisiä. Toki lähimmäiset voivat olla asiasta eri mieltä. Toiset taas haluavat kehittyä kokoajan ja oppia uutta, tavalla tai toisella.

Itse olen sitä mieltä, että elämä opettaa, kokemus kouluttaa ja jossain vaiheessa korkeampi voimakin näyttää uutta polkua. Se on meistä itsestämme kiinni, uskallammeko lähteä tekemään asioille jotain vai tyydymmekö kohtaloomme. Mutta taas toisaalta, me voimme vaikuttaa kohtaloomme.

Toinen tuttu sanonta, minkä suustani monesti päästän, on *Kaikki on suhteellista.* Eli riippuen siitä, miten asioita katsotaan, mitataan ja ajatellaan, niin voidaan saada erilaisia vastauksia. Ei ole täysin suoraviivaista vastausta mielestäni mihinkään – on hyvin monta erilaista vastausta. Hyvä esimerkki on, kun lasi on puoliksi täynnä vettä, että onko se kuitenkin puoliksi tyhjä? Voimme siis nähdä asian kahdella eri tavalla tai jopa useammalla, jos muuttuvia osia on enemmän. Tämän takia olenkin oppinut näkemään asioita hyvin laajasti. Uskallan kyseenalaistaa asioita, jään monesti miettimään, että voisiko joku asia olla toisin tai voisiko sen tehdä toisin. Mielestäni mikään ei ole täysin mustavalkoista, vaan aina on enempi vaihtoehtoja.

Mikä vaihtoehto tai vastaus on sitten paras? Olen tässä päätynyt tiettyjen asioiden kohdalla siihen, että kuuntelen omaa sisäistä ääntäni, intuitiotani ja sydämeni ääntä, jolloin saan parhaimmat vastaukset. Koska joka kerta, kun olen tehnyt vasten näitä, olen huomannut asioiden menevän täysin pieleen. En enää tee sisäistä ääntäni vastaan. Se tietää, mikä on minun parhaakseni.

Palatakseni siihen, kun ihmettelin, miksi osa tavoitteista toteutui, mutta suurimmat unelmani eivät. Itse erittelen nykyisin asioita niin, että on tavoitteita, joiden haluan toteutuvan nopeammin tai ovat pienempiä asioita, mitä haluan. Ja unelmat ovat niitä, jotka mullistavat elämää suuremmin eli on isompi vaikutus omaan elämään.

Tämän takia onkin paljon innostavampaa saada unelmien tavoittelun matkalla maaliin pienempiä tavoitteita, koska tämä inspiroi ja innostaa lisää. Näin saan luottamusta kasvatettua, että tunnen olevani oikealla polulla. Samoin koen suurta kiitollisuutta näistä ja koen, että olen suuresti Rakastettu. Ja Rakkauden voimalla on kerrassaan mahtavaa jatkaa eteenpäin, tuntuu kuin suuri valo sekä energia kulkee lävitseni enkä voi olla yhtään onnellisempi. Hymy on todella leveä.

Tämä tunnetila nostaa itseäni sille unelmien tasolle, missä voin värähdellä yhdessä unelmieni kanssa ja vetää niitä puoleeni.

Jos siis tuntuu, ettei suuret unelmat toteudu, voit aloittaa pienesti ja laittaa tavoitteita ensin kartallesi. Välitavoitteet matkallasi kohti unelmia antaa uutta virtapiikkiä. Näinhän me toimimme myös pidemmillä automatkoilla. Suunnittelemme matkan varrelle välipysähdyksiä, jotta jaksamme jatkaa matkaa ja tankataan niin autoa kuin itseämme.

Jokaisesta maaliin saadusta tavoitteesta on hyvä olla kiitollinen. Korkeampi voima sai sen aikaan sinun alitajuntasi luomisen voimalla. Fiilistele tunnetta ja nauti koko sydämelläsi.

Unelmakarttasi on hyvä olla esillä, ainakin itsellesi niin, että se muistuttaa sinua, miksi jotain pitää tehdä. Muuten unohdamme, miksi teemme ja palaamme taas vanhoihin kaavoihin tai ajatuksiin. Palaamme samalla myös vanhaan minäkuvaamme.

Kun alamme luoda unelmakarttaamme, tee se tietoisesti ja läsnäolevana. Sellaisella tunnetilalla, mitä haluat tuntea, kun olet saavuttanut unelmasi. Vahvistaaksesi tunnetta voit kuunnella itsellesi sopivaa musiikkia, ehkä ottaa mukaan tuoksuja, jotain mitä voit koskettaa ja ehkä sellaisia makuja, mitä voisit maistaa unelmiesi todeksi tullessa.

Itse kuuntelen erilaisia kappaleita, jotka saavat koko kropan liikkumaan tai sitten luonnon ääniä. Kuuntelen näissä asioissa intuitiotani. Kukkaistuoksupussit saavat herätettyä kesän tunteen ja marjat sekä hedelmät antavat makuja unelmalle. Hypistelen kädessäni huovuttamalla tehtyä pientä sydäntä, jossa on elämänpuu keskellä. Kaulassani on sydänkoru, jonka avulla voin missä vain saada yhteyden unelmakarttaani ja siihen tunnetilaan.

Nykyisin koen hyvin vahvasti eläväni unelmaelämääni, jopa hetkellisesti näen silmieni edessä istuvani ulkomailla kahviossa, mukulakadun varrella, ulkona rautaisen pöydän äärellä mekko päällä ja lierihattu päässä siemaillen makukahvia. Tämä näkymä ilmestyi eteeni, kun istuin ystäväni kanssa Prisman kahviossa sisätiloissa. Tuli tunne, että ikään kuin toinen universumi, tulevaisuus olisi taittunut sillä hetkellä siihen hetkeen. Tunnetilani tässä oli rauhallinen, kiitollinen ja erittäin Rakastettu. Olin onnellinen. Minä uskon siihen kokoajan vahvemmin, että me voimme luoda aina uutta. Meillä on todellakin kyky luoda, jos vain uskallamme uskoa tähän. Suurin ongelmamme on se, että meiltä puuttuu rohkeus ja uskallus tehdä asioita. Samoin myös emme uskalla avata mieltämme ja nähdä asioita uudella tavalla.

Meillä suomalaisilla on jostain kumman syystä tapa alentaa itseämme. Emme uskalla nostaa itseämme jalustalle näkyville. Pelkäämme, että mitä muut ajattelevat. Pelkäämme, että nyt minun luullaan ylpistyneen tai mitähän tuokin nyt luulee itsestään. Meidän pitäisi lopettaa itsemme pienentäminen ja nähdä itsemme jalustalla, joka nousee pikku hiljaa ylöspäin, kun vahvistumme ja olemme varmoja siitä, mitä me haluamme. Meidän on opittava ymmärtämään, että se on ihan ok haluta enempi. Tämä ei ole keneltäkään pois, muulta kuin itseltämme, jos emme uskalla nousta ylös.

Rakasta itseäsi ja anna unelmillesi mahdollisuus. Uskalla unelmoida suurestikin, koska olet jokaisen unelmasi arvoinen. Olet ansainnut ne.

Lähde elämään, Rakasta täysillä sitä mitä teet, tee kaikki unelmiesi tähden. Tämä on paras tapa manifestoida unelmiasi todeksi.

Suorista siis selkäsi, vedä olkapäät rennosti taakse, seiso varmana ja vahvana sekä hengitä.

Sinulla on kaikki oikeus unelmoida ja SINÄ olet unelmiesi arvoinen.

Luku 4

Irti päästäminen

Irti päästäminen

Rakkautta on päästää irti.

Me kannamme mukanamme hyvin monenlaista taakkaa. Se voi olla kirjaimellisesti tavaraa, uskomuksia, tarinoita itsestämme tai jopa ihmisiä. Emme välttämättä ajattele asioita tai henkilöitä taakkana, saati että voisimme näistä päästää irti.

Itselle ensimmäinen ja suurin irti päästäminen henkilöstä tapahtui vuonna 2006, kun erosin lasteni isästä. Tosin en ajatellut sitä irti päästämisenä, vaan erona. Nyt osaan nähdä sen irti päästämisenä, kun tähän aiheeseen tutustuin mielentyöni aikana.

En myöskään ajatellut syvällisemmin irti päästämisenä silloinkaan, kun päätin jättää ensimmäiset toksiset ihmiset elämästäni pois vuonna 2015. Se oli vain tunne, että nyt on tultu siihen mittaan, ettei enää tunnu hyvälle ja käsittelin ensin asiaa mielessäni, että minun on nämä henkilöt jätettävä taakseni. Ne eivät enää palvele minua enkä koe heidän olevan samalla linjalla kanssani. Tuohon aikaan luin pari kirjaakin, joiden avulla ymmärsin, että jotain on muutettava.

Ja en ole yhtään asiaa katunut. Tuntui todella helpottavalle sekä pystyin taas hengittämään vapaammin. Tuntui, että kaikki on mahdollista. Myöhemmin olen mielentyön aloituksen jälkeen poistanut vielä pari henkilöä elämästäni sekä ottanut etäisyyttä muutamiin. Joka kerta olo on tuntunut paremmalle. Olen saanut enemmän liikkumistilaa ja voin olla enempi oma itseni. Tämä on yksi merkki siitä, että henkilö ei ole sinun energioidesi mukainen tai vie sinua oikeaan suuntaan, jos et voi olla vapaasti oma itsesi. Joudut miettimään vaikka mitä sanot, teet, istut, pukeudut, valitset, mitä syöt, harrastat, katsot, seuraat jne.

Lasteni isä oli hyvin tyypillinen narsistinen persoona. Hän aina arvosteli minua monellakin tapaa. Välillä tuntui, etten osaa tehdä mitään oikein. En osannut puhua, koska jännitin niin paljon, että sanat menivät sekaisin. Olin liian lihava, vaikka olin kokoa S-M. Olin myös liian erikoinen, koska olin taiteellinen ja ajattelin sekä näin asiat siksi eritavalla. En saanut jutella muiden miesten kanssa, koska minähän varmasti olin jokaista iskemässä, hänen mielestään. Ja tietenkin sain nahoissani tuntea kirjaimellisesti hänen suuttumuksensa varsinkin silloin, kun hän oli ottanut miestä vahvempaa.

Olin hyvin arka ja pelokas, menettänyt itsevarmuuteni, itseluottamukseni enkä osannut nähdä asioita normaalilla tavalla. Onneksi sain kasvatettua ja vahvistettua itseäni sen verran, että pystyin tästä toksisesta suhteesta päästä eroon ja asiaa auttoi myös se, että entinen mieheni löysi heti tai ehkä oli jo valmiiksi katsottuna, uuden puolison.

Eron aikaan sain myös kuulla, että minun pitäisi olla onnellinen, kun minulla on ollut katto pään päällä. Samoin sain kuulla, että minua ei kukaan mies huolisi omakseen. Ja kaiken tämän päälle, hän sanoi löytäneensä täydellisen naisen sekä elämänsä Rakkauden. Kyllähän nämä sanat jäivät elämään mieleeni ja kehooni monella tapaa. Kokemusien myötä siksi uhriuduin ja elin pitkään uhrin roolissa.

Kuten olen jo aiemmin maininnut, että prosessi on ollut pitkä ja kivinen. Olen löytänyt kuitenkin takaisin itsevarmuuteni, itseluottamukseni ja osannut jättää taakseni uhriutumisen. Olen antanut anteeksi, ollut kiitollinen kaikesta ja oppinut katsomaan eteenpäin. En enää elä menneisyyteni vankina.

Kerron nykyisin omista kokemuksistani suoraan, avoimesti ja rehellisesti. Olen sanonut, että minun oli tarkoitus kulkea tämä polku. Olen pystynyt olemaan parempi äiti lapsilleni. Olen uskaltanut tehdä asioita, joita en tuona arkana ja pelokkaana olisi koskaan uskaltanut tehdä, saati unelmoida. Näen nyt itseni täysin eri henkilönä ja olen paljon onnellisempi.

Me emme näe sellaisina hetkinä mahdollisuuksia, kun elämme toksisten, negatiivisten ihmisten lähellä. Erkaantuminen tällaisista henkilöistä voi olla hyvin aikaa vievää. Itse tein monta vuotta töitä sen eteen, että uskalsin lopulta suhteesta lähteä. Olimme melkein 12 vuotta yhdessä.

Tämän irti päästämisen jälkeen maailma alkoi avautua niin monella tapaa. Tuntui kuin olisin elänyt pumpulissa, jonne toinen henkilö oli luonnut tarinoita ja uskomuksia. Nyt toki ymmärrän, että itseasiassa vahvistin jo lapsuudessani saatuja kokemuksia tämän miehen kautta. Toki paljon voimakkaammin.

Eron jälkeen tietyt asiat toistivat näitä uskomuksia, kuten tietyt henkilöt, työyhteisöt, naapurit ja sukulaiset. Ei niin vahvasti, mutta yhtä aikaa tulemalla monesta erisuunnasta, tuntui välillä todella ahdistavalle.

Onneksi elämääni tuli hyviäkin tyyppejä, jotka antoivat uskoa paremmasta. Toki lapset kasvaessaan opettivat myös paljon.

Huomasin lasten kasvaessa, että tulen nuorempien henkilöiden kanssa paremmin toimeen. Jälkeenpäin olen ymmärtänyt, että vanhetessamme moni katkeroituu. He elävät enempi niissä omissa tarinoissaan tai uskomuksissaan, jonka takia saattaa joitakin tiggeröidä toisen vapaampi ajattelutapa elämästä.

Suomalaisethan on tunnettuja kateudestaan. Joskus tuntuu, että toiset ovat kateellisia ihan kaikesta. Jokainen voisi samalla tavalla tavoitella niitä asioita, mistä on toiselle kateellinen. Silti he eivät ole valmiita muuttamaan omaa elämäänsä vaan enempi jaksetaan ja halutaan valittaa muista. En tiedä, miksi niin kovasti tällaista muuttamista heidän laisikseen halutaan tai heidän mieltymyksien mukaiseksi eikä anneta niin sanotusti jokaisen kukan kukkia.

Toki tietenkin poikkeuksia on ja hyvä niin. Osa voi näistä minun esille tuomistani asioista tiggeröityä ja miettiä, että kuinka kehtaankin sanoa näitä asioita ääneen? Siksi, koska olen ollut aivan samanlainen. Ajatellut niin kuin suurin osa suomalaisista ajattelevat, mutta erona on se, että minä kyllästyin olemaan samanlainen. Haluan olla erilainen.

Olen uskaltautunut päästämään irti myös tunteista, jotka eivät enää palvele minua. Miksi olla kateellinen jostakin, kun se tunne on negatiivinen ja en halua vetää puoleeni mitään negatiivista vaan vain positiivista. Eli miksi tuhlata aikaa ja energiaa johonkin, mikä ei vie mitään eteenpäin, vain taaksepäin.

Eli asioita on hyvä tarkastella eri suunnista, jotta saamme kokonaisuuden paremmin näkyviin.

Millä tavalla sitten Rakkaus näkyy irti päästämisessä? Kun päästämme irti toksisista ja negatiivisista henkilöistä, annamme tilaa

Rakkaudelle. Se on Rakkautta meitä itseämme kohtaan, kun uskallamme päästää irti.

Meidän pitää osata olla itsekkäitä terveellä tavalla. Minä välillä tuon esille asiaa näin, että me elämme täällä oman nahkapukumme sisällä ja me itse päätämme, miten kohtelemme itseämme. Meidän pitää ymmärtää, että elämämme suurin Rakkaus on se, että osaamme Rakastaa itseämme. Kukaan ei voi niin täydellisesti Rakastaa meitä, kuin me itse.

Voimme avata asioita kysymyksien kautta. Miten puhuttelet itseäsi? Millaisia tarinoita kerrot itsestäsi? Tuotko negatiivisesti asioita esille? Menetkö muiden mukana, vaikka koet ettei se ole sinulle sopivaa? Uskallatko elää itsesi kaltaista elämää?

Mikä ero on niiden ihmisten välillä, jotka tyytyvät rooliinsa ja niiden, jotka menestyvät? He ovat paljon varmempi ja vahvempia sen suhteen, mihin uskovat ja uskovat olevansa kaiken sen arvoisia, minkä kokevat ansaitsevansa. Jos koet ansaitsevasi vähätellen jotain, niin sinä itse olet päättänyt tyytyä siihen vähäiseen. Ole kerrankin vahvempi ja varmempi sekä sano mitä todella haluat. Katso mitä tapahtuu.

Erona näiden kahden tyypin välillä on myös se, että toinen kävelee mustissa vaatteissa kiiruhtaen eteenpäin, katse maahan nauliutuneena, yrittäen piiloutua joltakin, kasvot vakavana ja olkapäät eteenpäin työntyneenä.

Toinen taas kävelee selkä suorana, olkapäät rennosti takana, katse eteenpäin, kävellen varmoilla askeleilla tietäen, että on kaiken sen arvoinen, mitä haluaa ja universumi antaa. Värejäkin tällaiset henkilöt käyttävät uskaliaammin ja jopa hymyilevät kävellessään.

Kumpi sinä haluat olla? Piiloutuja vai rohkeasti unelmiaan tavoitteleva, vahva ja varma jalustansa päällä?

Irti päästämistä on sekin, että päästämme irti niistä tarinoista mitä meille on kerrottu meistä ja niistä uskomuksista, jotka eivät enää palvele sinua ja vie oikeaan suuntaan. On hyvä ymmärtää, mitä todellinen irti päästäminen on ja mikä vaikutus sillä on. Koska silloin kun olet varma ja vahva et enää anna minkään horjuttaa itseäsi.

Ensin on hyvä käydä läpi, mistä tarinasi ja uskomuksesi alkavat. Kuka nämä on luonut ja mitä näillä oikeastaan haet? Haetko hyväksyntää tai riittävyyttä? Moni asia on lähtöisin omasta lapsuudestasi tai jopa vanhempiesi lapsuudesta. Saatamme kantaa mukanamme asioita, jotka viemme lapsiemme avulla eteenpäin eli toistamme samaa kaavaa.

Siksi suosittelen kirjaamaan ylös tämän hetkiset tarinasi ja uskomuksesi, kokemuksesi ja mahdolliset traumasi. Mieti, miten nämä ovat syntyneet, missä yhteydessä.

Itse puran ihan ääneen puhumalla itsekseni kokemuksia ja samalla kirjoitan ylös huomioita.

Tuntuu hyvin helpottavalta puhua ääneen. Ikään kuin kauan sisälläni pitämäni asiat tulevat todeksi ja samalla häviävät pois. Joitakin kokemuksia olen joutunut käymään useasti läpi. Saatan huomata jonkun asian yhdistyvän johonkin toiseen asiaan ja ymmärrän paremmin, miksi jotkut kokemukset ovat olleet tiukemmassa.

Kun olen käsitellyt tällaista kokemusta, tunnen kiitollisuutta jälkeenpäin. Olen saanut puretuksi ja pois sisältäni kaiken tähän liittyvän. Olen tämän kokemukseni kautta nyt vahvempi. Tämä kokemus on kasvattanut minua.

Toinen tunne on anteeksiannon tunne. Sinun ei tarvitse kohdata ketään kasvotusten antaaksesi anteeksi menneisyyden asioita. Sinun pitää ymmärtää, että annat anteeksi *itsesi* tähden. Kun et enää kanna niitä vanhoja tunteitasi mukanasi, joiden takia olet ehkä ollut vihainen, pettynyt, katkeroitunut tai uhriutunut, niin annat tilaa Rakkaudelle. Annat tilaa uusille ihanille asioille. Annat tilaa elämälle.

Itselle oli ensin vaikeaa antaa anteeksi, joten jouduin työstämään asiaa vähän pidempään, jotta pystyin todella koko sydämestäni antaa anteeksi niille, jotka ovat minua kohtaan käyttäytyneet väärin ja luoneet negatiivisia tarinoita minusta, vääränlaisia uskomuksia tai muulla tapaa kohdelleet huonosti. Tämän jälkeen oloni helpottui todella paljon. Koin olevani vahvempi kuin he, jotka olivat kohdelleet minua huonosti. Olin löytänyt Rakkauden voiman.

Monikaan ei osaa ajatella, miten monessa kohtaa Rakkaus esiintyy tai millainen voima on Rakkaus. Sen avulla pääsemme surumme yli, sen avulla jatkamme elämää, se auttaa näkemään asiat eri valossa ja se voi kasvaa monella tapaa. Sen takia meidän jokaisen pitää löytää Rakkaus ja ymmärtää sen todellinen voima.

Irti päästämisen kauneus on siinä, kun sen avulla teet tilaa elämääsi. Itse koen aina suurta helpotusta, kun saan käytyä kaappeja läpi ja siivottua turhaa pois. Meni tavaroita sitten roskiin, annettavaksi tai myyntiin, niin vaikutus on sama. Myydessä ja antaessa koen tunnetta, että tavara on löytänyt uuden kodin ja vielä joku haluaa käyttää sitä eteenpäin. Joihinkin tavaroihin kiintyy enempi ja on vaikeampi päästää irti. Joskus tämä voi viedä aikaa. Tai ehkä ei ollut vielä oikea hetki päästää irti. Niin kuin aiemmin sanoin, jokaisella asialla on aikansa, paikkansa ja tarkoituksensa. Ehkä se tavara odotti oikeaa henkilöä.

Olen aina syvästi kiitollinen, kun tavara vaihtaa omistajaa. Koen tällöin runsautta ja Rakkautta. Pyrin laittamaan hyvää energiaa samalla matkaan.

Vanhempani ovat eläneet pulakautta, kun toisen maailman sodan jälkeen kaikki oli vähissä. Silloin mitään ei heitetty pois. Kaikki tavarat korjattiin ja niistä pidettiin hyvää huolta.

Arvostettiin kaikkea, mitä omistettiin. Toki rahaakaan ei ollut samalla tavalla käytettävissä, kuin nyky-yhteiskunnassamme on. Tavara on toisaalta menettänyt arvonsa. Aina uuden mallin tullessa markkinoille halutaan se ostaa, jotta olemme trendikkäitä. Itse taas enemmän olen vanhempieni kaltainen. Käytän tavaroita mahdollisimman pitkään ja korjailen niitä. Ennen hamstrasin kaiken. Heti kun lähdin omilleni aloin säästämään tavaroita. Ajatuksena oli, että koskaan ei tiedä milloin tätä saatan tarvita. Ongelmaksi tässä tuli vain se, että olen tähän ikääni mennessä muuttanut aika monia kertoja ja tuo tavaran hamstraaminen on eniten näkynyt juuri muuttojen yhteydessä.

Alkuun en oikein osannut luopua mistään. Oli hyvin vaikeaa päästää irti. En tiedä tekikö universumi välillä puolestani päätöksiä, kun joskus varastossa olleet tavarat olivat menneet pilalle eläinten jätösten takia tai ottaneet outoa hajua itseensä. Tällöin oli pakko heittää pois tavaraa.

Toki muuttojen yhteydessä aloin käymään tavaroita läpi ja hankkiuduin joka kerta enemmän ja enemmän tavaroista eroon.

Yksinhuoltaja äidiksi tullessani oli myös pakko käydä läpi tavaroitaan, koska välillä rahaa tarvitsi moneen asiaan. Ennemmin luovuin jostakin, jotta sain ruokaa pöytään.

Välillä toki halusin uudistaa kotiani, jolloin jostakin oli luovuttava, jotta voi saada jotakin muuta tilalle. Ja aika usein tuli uudistettua kotiaan, enempi tai vähempi. Samoin myös tavarat vaihtoivat paikkaa useasti. Tuntui, että hain kokoajan jotakin ja mihinkään en ollut tyytyväinen. Olen myöhemmin ymmärtänyt, että hain toisaalta mielihyvää, onnistumisen tunnetta ja hyväksyntää. Piti pystyä olla parempi ja toisaalta samanlainen kuin muut. Käsittelen myöhemmin hyväksyntä aihetta, johon tämä liittyy vahvasti.

Olen tullut pitkälle sen suhteen, että irti päästäminen tekee hyvää niin monella tapaa. En sitoudu liikaa johonkin, vaan olen valmis päästämään irti, jos jokin ei palvele minua. Ja teen irti päästämisen koko sydämelläni, Rakkauden antaessa minulle voimaa.

Nykyisin tavaraa on huomattavasti vähemmän, silti välillä tuntuu olevan ihan liikaa. Käyn tasaisin väliajoin läpi tavaroita ja mietin, tarvitsenko todella tätä. Koska en vieläkään koe olevani perillä siellä missä haluan oikeasti elää ja luoda tulevaisuuteni, niin siksi olen valmis luopumaan vielä monesta tavarasta sekä ajatuksesta, joka liittyy tulevaisuuden elämään. Olin yrittänyt luoda itselle sopivaa elämää liian väkisin ja siksi olenkin päättänyt, että luovun osasta tavaroista, jotka kuuluvat tulevaisuuteen – ei nykyhetkeen.

Koen irti päästämisen myös eräänlaisena sieluni siivouksena. Kun tavara määrä pienenee, sieluni kevenee. Sama pätee muihinkin irti päästämisiin.

Meillä on tapana välillä pitää hyvinkin tiukasti kiinni asioista. Saatamme olla jopa epätoivoisia, että ikään kuin sinulta vietäisiin jotain, osa sinusta. Silloin olisi hyvä miettiä, miksi haluat pitää näin tiukkaan kiinni. Millaisen tarinan kerrot itsellesi tai muille siitä, että miksi et voi päästää irti? Oletko ajatellut, että palveleeko tämä tavara tai asia enää sinua? Saisitko elämääsi enempi runsautta, jos pystyisit tästä luopumaan?

Joskus on hyvä avata kysymyksillä asioita ja selvittää taustoja siihen, miksi niin kovasti haluaa pitää kiinni. Kangistumme kaavoihin hyvin helposti, varsinkin jos olemme hyvin uskollisesti tietyllä tapaa toimivia. Nämä toimintatavat tulevat niistä tarinoista ja uskomuksista.

Irti päästäminen voikin olla hyvin syvällinen matka itseesi ja voit huomata, että sieltä löytyykin asioita tai yhteyksiä, jotka voivat muuttaa sinua hyvinkin paljon. Se voi olla jopa pelottavaa, muutos monesti on, jos ei ole tottunut muutoksiin.

Sen takia pitäisi aloittaa pienesti. Ymmärtää tietoisesti, että nyt minä päästän irti. Eli ymmärrät mitä tarkoittaa irti päästäminen. Tämäkään ei ole kaikille ihan selvää, jos ei ole juuri koskaan päästänyt mistään irti. On vain kerännyt tavaraa itselleen, pitänyt kaikki negatiivisetkin tyypit ympärillään ja toiminut päivästä toiseen samalla kaavalla.

Jotta voit luoda uutta, on sinun poistettava vanhaa. Kun luot unelmakarttaasi, sinun on samalla mietittävä, mistä voit luopua, jotta teet unelmillesi tilaa. Onko jotain, mikä sinua jarruttelee? Koetko puutetta? Millaisia ajatuksia sinulla on?

Unelmasi odottavat sinun päästävän irti. Ja tiedätkö mitä?

Tänään on hyvä päivä aloittaa irti päästäminen.

Luku 5

Kiitollisuus

Kiitollisuus

Joka päivä on hyvä olla kiitollinen.

Itse aloitan päiväni niin, että ennen kuin nousen sängystä, keskityn tuntemaan kiitollisuutta tästä päivästä. On ihana herätä. Olen kiitollinen aina ennen kuin aloitan päivän työt. Koen syvää kiitollisuutta, Rakkautta ja runsautta etukäteen päivän tapahtumista. Tuntuu hyvälle aloittaa päivän askareet tuntemalla näitä tunteita ja siksi työt eivät tunnu niin raskaalta.

Kiitollisuudella on paljon vaikutuksia kehoomme ja mieleemme. Ennen mielentyön aloitusta en osannut olla kuin satunnaisesti kiitollinen, enkä silloinkaan samalla tavalla kuin tänä päivänä osaan olla. Siinä vaiheessa, kun ymmärsin, millainen vaikutus on sillä, että on kiitollinen, olen pyrkinyt olemaan sitä päivittäin monella tapaa.

Aina ei muista olla kiitollinen jostakin päivän asiasta. Kuten jos jokin on onnistunut, on saanut jotain valmiiksi, on tavannut ihania ihmisiä tai vaikkapa ruuasta. Välillä on niin kova vauhti päivän aikana ja silloin myöskään iltasilla enää väsyneenä jaksa ajatella, niin seuraavana aamuna käyn läpi asioita, mistä olen edellisen päivän osalta kiitollinen. En enää halua unohtaa sitä, että olen kiitollinen kaikesta, mitä minulle annetaan.

Aina löytyy jotain, mistä voi olla kiitollinen. Vaikka siitä, että sinulla on koti. Olet saanut syötyä vatsasi täyteen hyvää ruokaa ja ulkona on paistanut ihana aurinko tai vesisade huuhdellut ilmaa raikkaammaksi. Kiitollinen voi olla kevään ensimmäisen perhosen näkemisestä tai että on nähnyt hyvää ystävää.

Kaikki ei aina ole niin itsestään selvää. Koskaan ei tiedä, mitä tapahtuu. Tämän takia pysähdyn olemaan kiitollinen ja laitan käteni sydämeni päälle, hengitän, laitan silmäni kiinni ja sanon ääneen tai hiljaa mielessäni – olen kiitollinen tästä.

Tämä on yksi asia, minkä moni on unohtanut. Ei osata kiittää tai tuntea kiitollisuutta. Meillä tuntuu olevan vain kiire joka paikkaan, ei ehditä pysähtyä ja monikin tuntuu vain haluavan kaiken itselleen, hyvin itsekkäällä tavalla – kaikki minulle ja heti.

Tällainen käytös on kasvanut todella suuresti. Ikään kuin kaikkea pidettäisiin niin itsestään selvyytenä, ettei mistään tarvitse sen takia kiitellä ketään, koska sehän on jokaiselle selvää, että olet kiitollinen. Tai että ei haluta toiselle sanoa kiitos, jotta tämä ei vain nyt liikaa kuvittele itsestään ja ala intoilla.

Olen tätä välillä jäänyt ihan miettimään, kun katson taaksepäin omaa elämää ja eri tilanteita, missä huomannut kuinka jollekin on tehnyt hankalaa sanoa kiitos tai ei ole vain saanut sitä kiitos sanaa ulos suustaan. Joissakin tilanteissa epäilen syyksi olleen niin sanotusti pärstä kerroin eli ei haluta sanoa jollekin ihmiselle kiitosta. Koska jos henkilöstä ei pidä ja haluaa pitää tähän etäisyyttä, niin kiitos sanalla annat ikään kuin myöten tälle ja tuotat hyvää tunnetta toiselle.

Ja juuri tuo hyvänolon tunteen tuottaminen toiselle voi olla yksi syy, miksi sitä kiitos sanaa ei kaikille viljellä tai sanota välttämättä ollenkaan. Toki sille hyvälle tyypille, jota haluaa nostaa jalustalle, niin hänelle taas kiitos sanaa viljellään urakalla. Työelämässä varsinkaan ei pitäisi olla toimihenkilötasolla suosikkeja tällä tavalla. Jos esimies alkaa suosia vain niitä, jotka ovat hänen mieleensä tai hänen kavereitaan, niin silloin hän laittaa muut epätasa-arvoiseen asemaan.

Voisi sanoa, että kiitos sanaa voidaan pitää eräänlaisena kontrollointi keinona. Sen sanan pihtaus tai että sitä sanoo harvoin, niin tällä voidaan ikään kuin osoittaa toiselle hänen paikkansa. Oletko jonkin arvoinen, oletko kiitoksen arvoinen.

Tähän liittyy silloin myös hyväksyntä. Oletko hyväksytty ja saatko joltakin hyväksyntää. He, jotka hakevat nimenomaan tätä tunnetta, niin saattavat kokea jäävänsä ulkopuolelle tai ettei häntä arvosteta, vaikka hän tekisi mitä. Käsittelen hyväksyntää enemmän erillisessä luvussa.

Toisaalta taas ei osata olla kiitollisia siitä, mitä meillä on tai olla kiitollinen toisen puolesta. Emme myöskään osaa ottaa enää vastaan samalla tavalla kiitollisuutta tai jos joku sanoo kiitos. Varsinkin kiitollisuus toisen puolesta on monelle hankala paikka. Eihän nyt toisen puolesta voi olla kiitollinen, vaan jokainen olkoon kiitollinen omasta puolestaan. Vähän niin kuin, että jokainen pitää huolen omistaan eikä kiinnosta enää se, mitä toiselle tapahtuu. Toki ei pidäkään huolehtia toisista jatkuvasti, vaan enemmänkin yleisellä tasolla tätä tarkoitan. Silloin, kun toiselle tapahtuu jotain pahaa, niin olla kiitollinen siitä, mikä vielä on hyvin. Tai jos tapahtuu jotain hyvää, niin olla kiitollinen toisen puolesta, että näin on käynyt. Suomalainen kateellisuus toki nostaa helposti päätään, jos jollekin käy hyvin, ainakin rahallisesti.

Koska kiitos sanaa ei juuri viljellä liikoja tai olla kiitollisia, niin emme myöskään ole tottuneet kuulemaan kiitos sanaa. Tämän takia voi olla hankalaa ottaa vastaan tällaista kohtelua ja saattaa jopa kokea kiusallisuutta tai alkaa vähättelemään tilannetta – ei tästä tarvitse kiitellä. Tuota olen kuullut monet kerrat eri tilanteissa.

Olemme tottuneet liikaa siihen, että meillä on kaikki hyvin, niin emme osaa olla siitä kaikesta kiitollisia, mitä meillä on. Elämme niin sanotussa lintukodossa, jossa on hyvä ja turvallinen olla.

Ehkä jos uskaltautuisimme ajattelemaan, että korttitalo voi milloin tahansa romuttua tai vaurioitua, niin ehkä silloin osaisimme arvostaa sitä mitä meillä on ja olla siitä kiitollinen. Ja näinhän monelle on käynyt. Kun elämässä onkin jotain pysäyttävää sattunut, niin silloin osataan olla kiitollisia siitä, mitä meillä on. Jotkut osaavat olla tällaisen tapahtuman jälkeen kiitollisia lopun elämäänsä. Osa unohtaa sen taas, kun kaikki palaa normaaliksi tai lähelle normaalia.

Itselle mikään ei ole ollut välillä elämässä itsestään selvää, vaan on joutunut paljon taistelemaan monella tapaa. Sen takia, kun ymmärsin kiitollisuuden syvän merkityksen, niin olen pyrkinyt tuntemaan mahdollisimman usein kiitollisuuden tunnetta. Kaikki voi muuttua silmän räpäyksessä.

Miten sitä tosiaankin voi olla niin vaikeaa olla kiitollinen? Ehkä toiset yhdistävät tämän uskonnollisuuteen ja koska uskonnollisuudella ei ole lähellekään samanlaista vaikutusta kuin sillä on ollut aiemmin, niin ehkä tämä erkaantuminen on vaikuttanut tähän asiaan. Ehkä ajattelutapamme on muuttunut uskonnon suhteen niin, että ajattelemme sen enemmän olevan hölynpölyä ja ettei uskontoa voida yhdistää arkeemme.

Joskus katsellessa ihmisten käyttäytymistä olen huomannut, että jos puhuu sivumennen sanalla tai useammalla mainiten uskontoon jotakin liittyen, tuntuu heti ihmiset säpsähtävän tätä. Jotenkin tuntuu olevan hirveän paha asia. Toki Jumalan pelko on yksi asia, mikä meihin on jo sukupolvia sitten juurrutettu, joten tulisiko se sieltä.

Ennen on ollut iso merkitys sillä, että uskotaan Jumalaan. Jokaisessa torpassa oli uskovaisia. Jollain tapaa sen näki aina taloon astuessa. Oli risti tai ikoni seinällä, Raamattu saattoi löytyä pöydältä ja ihmisillä oli risti kaulassaan. Tällaista ei enää näe, korkeintaan vanhempien ihmisten kodeissa. Uskonnosta on tullut tabu, josta ei puhuta.

Olen itse ollut perheessämme ehkä se kaikista uskonnollisin. Minut on kastettu ortodoksiksi ja koulussa saanut sen mukaisen uskonnollisen kasvatuksen. Olen ollut ylpeä ortodoksisuudestani.

Koulussa moni oli kateellinen meille ortodokseille. Meillä tunnit aloitettiin niin, että jokainen sai vuorollaan sytyttää tuohuskynttilän, joka oli pienen ikonin edessä. Pidimme aina tunnin avauksen eli riippuen mikä raamatullinen aika vuodesta oli, sen mukaisesti oli tunnin avauksen sisältö. Se oli eräänlainen siunaus oppitunnillemme. Joskus tähän meni jopa suuri osa ajastamme. Tunnin lopuksi siunattiin vielä yhteinen aikamme päättyneeksi.

Opiskelumme poikkesi luterilaisten opinnoista monellakin tapaa. Meillä oli monesti nyyttäreitä, oli joskus joku toinen henkilö mukana tunnilla, joka saattoi soitella kitaraa ja tehtiin paljon linja-auto reissuja eri puolelle Pohjois-Karjalaa. Joskus reissuun meni koko koulupäivä. Itselle viikon parhaimmat tunnit olivat uskontotunnit.

Omien lapsien kohdalla moni asia olikin sitten muuttunut. He eivät ole saaneet kokea samanlaista opetusta, vaan opetus oli muuttunut hyvin paljon luterilaiseen suuntaan. Tämä oli hieman pettymys itselle, koska toivoin heidän nauttivan tästä erilaisesta opetusympäristöstä, vaikka kyse olikin uskonnosta.

Minä olen siis saanut niin hyvät tunteet noista uskonnontunneista, että se sai minut tuntemaan suurempaa yhteyttä korkeampaan voimaan. Rukoilin päivittäin lapsena ja pitkälle aikuisikään useita kertoja päivässä. Toki tein sen niin, ettei muut tästä juuri tienneet mitään. Rukoileminen aina helpotti oloani ja tuntui, että minua Rakastettiin.

Äitini näki tämän minun innostukseni ortodoksisuutta kohtaan. Hän toivoi, että minä olisin mennyt naimisiin ortodoksisessa kirkossa, koska hän ei ollut nähnyt ortodoksista hääseremoniaa. Valitettavasti en mennyt naimisiin asti ja nyt äitinikin on jo nukkunut pois.

Halusin tarkoituksella tuoda tähän esille oman taustani uskonnollisuuteen liittyen. Varsinkin, kun se on menettänyt tänä päivänä merkityksensä. Itse olen eronnut kirkosta jo useampi vuosi sitten. Päädyin tähän tulokseen monesta eri syystä.

Vaikean eroni jälkimyrskyissä ja taistellessani talousongelmieni kanssa, niin aloin kyseenalaistamaan, onko mitään korkeampaa voimaa olemassa. Olin niin väsynyt kaikkeen ja koin olevani yksin enkä saanut rukouksiini enää vastauksia, joten aloin epäillä ensimmäisen kerran Jumalan olemassa oloa.

Mielentyöni kautta löysin monen vuoden tauon jälkeen uskonnon merkityksen uudelleen ja ymmärrän nyt, miksi minulle ei vastattu. Kysyin vääriä kysymyksiä, toivoin mahdottomia ja uhriuduin sekä hain sääliä itselleni. En siinä silloisessa mielentilassa nähnyt asioita järjellisesti.

Toinen tilanne tuli jo ennen tätä, heti eroni jälkeen. En ollut aiemmin pyytänyt apua seurakunnaltani ja nyt sitten kun hain, tunnuin saavani vain ihmettelyä, miten olen tällaisessa tilanteessa ja tunsin, että ihan kuin olisin pettänyt jopa seurakuntani eroamalla miehestäni. Muistan vieläkin tämän henkilön ilmeen ja siitä tulevan tunteen. En enää ole kääntynyt tämän jälkeen seurakuntani puoleen kertaakaan.

Kolmas ja viimeinen asia, mikä johti lopulta kirkosta eroamiseen oli, kun aloin miettiä kirkollisveroa. Yksinhuoltajaäitinä sitä mietti jokaista senttiään ja siksi aloin miettiä, että tuolla rahalla vuodessa voin ostaa lapsilleni vaatteita tai muuta, mitä he tarvitsevat. Ja varsinkin, kun olin kokenut, etten saa tukea seurakunnaltani sekä olin menettänyt uskoni, päädyin eroamaan lopulta kirkosta kokonaan.

En edelleen ole palannut kirkonlistoille, koska koen nyt olevani lähempänä Jumalaa näin, enkä tarvitse siihen kirkkoa, että kokisin yhteyden. Minä olen se yhteys ja se riittää.

Vaikka et olisi uskonnollinen, niin voit silti tuntea kiitollisuutta. Se ei myöskään tee sinusta uskonnollista, vaikka olisit kiitollinen. Olet vain kirjaimellisesti kiitollinen. Se on tunnetila, jota tunnet, kun olet jostakin yksinkertaisesti vain kiitollinen.

En ole sinua kääntämässä uskonnolliseksi enkä itsekkään koe itseäni täysin tällaiseksi, vaikka tuon tässä esille uskonnon näkökulman. Tämä on minun tapani nähdä asia. Jokainen valitsee itse, miten ajattelee tästä. Kyse on siitä, mitä voit saavuttaa tuntemalla kiitollisuutta ja että kuinka tämä vaikuttaa meihin. Kiitollisuus rauhoittaa mieltä ja kehoa. Sen avulla voimme nousta unelmiemme tasolle.

Ei ole ollut helppoa itselle päästä tälle tasolle. Oli vaikeaa ajatella, kuinka pitäisi olla kaikesta kiitollinen. Miksi minun pitäisi olla kiitollinen siitä, miten minua kohtaan on käyttäydytty? Juuri sillä hetkellä en pystynyt löytämään kiitollisuuden aihetta, mutta kun nyt aikaa on mennyt, niin olen pystynyt ymmärtämään asiat eri tavalla.

Meille on annettu oma polku kuljettavaksi. Tällä polulla on tilanteita, joita joudumme kohtaamaan. Osa voi olla todella pahoja, osa ei niinkään. Itse näen omat kokemukseni nyt tarvittavina kasvunhetkinä. Ilman näitä kokemuksia en voisi nähdä uskomuksia ja tarinoita, joiden takia aina jouduin tiettyihin tilanteisiin. Olen oppinut kokemuksieni kautta, että mikä on väärin ja mikä oikein. Tai että noin en itse halua käyttäytyä.

Olen nähnyt ihmisten rumuuden toista kohtaan ja silti kaikesta kokemuksesta olen löytänyt Rakkauden. Jokainen käyttäytyy omien uskomuksien ja tarinoiden mukaisesti. Jos henkilö olisi saanut erilaista kohtelua lapsena tai uskomukset tietyistä asioista ei olisi siirretty sukupolvien yli, olisi asiat ehkä eri tavalla. On Rakkautta nähdä asiat eri näkökulmasta.

Monesti omat ratkaisut ovat myös vaikuttaneet siihen, miten on johonkin tilanteeseen päätynyt. Ehkä olemme epätoivoisina valinneet väärin tai jättäneet kuuntelematta sisäistä ääntämme. Olemme voineet kuunnella liikaa muita ja siksi olemme päätyneet tiettyihin tilanteisisin.

Ja se on ihan ok, jos et pysty olemaan kaikesta kiitollinen. Se vaatii hyvin paljon ja tämä ei tapahdu heti. Joten anna asialle aikaa.

Jouduin itse käymään paljon kokemuksia läpi, kuten traumoja, tunnetiloja, tarinoita ja uskomuksia. Kaikkea tätä ei voi hetkessä muuttaa kiitollisuudeksi. Tässäkin asiassa voi aloittaa pienesti eli opetella ensin olemaan vain kiitollinen. Näen nyt, miten kaiken pitikin mennä näin ja että olen kasvanut niin monella tapaa sellaiseksi ihmiseksi, kuka minä haluankin olla. Kaiken sen sekasotkun ja myrskyn jälkeen sisälläni valitsee rauha, suuri kiitollisuus, että olen elossa ja Rakkaus, johon jälleen uskon.

Tarkastellaan kiitollisuutta toisellakin tapaa. Niin kuin aiemmin kerroin lapsuudestani ja kuinka silloin selkeästi oli enempi yhteisöllisyyttä ja talkoohenkeä. Nyt monikaan ei halua auttaa toista, pelätään kuin ruttoa, että huono-osaisuus tarttuu. Pahinta on se, että ei edes pysähdytä auttamaan onnettomuuden uhreja. Kuvataan vaan tik tokkiin video ja jatketaan matkaa. Onneksi on vielä niitä muutamia ihania ihmisiä, jotka ymmärtävät olla auttamassa. Minä uskon karmaan ja sen voimaan. Siksi pyrin toimimaan niin, ettei karma osu omaan nilkkaan.

Tämä kasvanut itsekkyys on syynä moneen. En tiedä johtuuko tämä siitä, että vanhemmilla ei ole aikaa kasvattaa lapsiaan tai eikö enää kouluissa opeteta niitä kultaisia sääntöjä, hyviä tapoja. Joka tapauksessa, paljon on muuttunut yhteiskunta siitä, kun minä olin lapsi.

Rakkaus ainakin on hävinnyt selkeästi. Sen takia sanoinkin heti ensimmäisenä alkusanoiksi *Tämä maailma tarvitsee Rakkautta*. Sitä se todellakin tarvitsee. Tämän takia kirjoitan tästä, Rakkaudelta minulle ja sinulle.

Kiitollinen sydän vetää puoleensa hyvää energiaa, runsautta ja Rakkautta sekä näkee mahdollisuudet. Kun saavutat Rakkauden voiman, moni asia helpottuu. Huolet ei paina, pystyt hymyillä enemmän ja nauttia elämästäsi. Olosi ja askeleesi ovat paljon kevyemmät. Voit tuntea kiitollisuutta etukäteen tavoitteiden ja unelmien saavutuksesta. Kokea kuinka kiitollinen olet, kun olet saavuttanut jotain sinulle tärkeää. Voit luottaa siihen, että kaikki annetaan sinulle, minkä olet ansainnut. Tunne, että olet kaikkien niiden tavoitteittesi ja unelmiesi arvoinen. Kiitollinen sydän luo tilaa uudelle.

Jotta voimme saavuttaa unelmamme, meidän pitää muuttaa itseämme. Erityisesti meidän minäkuvamme tulee muuttua vastaamaan unelmiamme. Jos osaat olla kiitollinen siitä, mitä sinulle annetaan, avaat väylää unelmillesi. Vain kiitollinen sydän voi saavuttaa haluamansa. Älä ole siis kiittämätön, sano kiitos, silloin kun sille on aihetta tai vaikka ei oikein olisikaan aihetta kiittää, mutta silti voi aina sanoa kiitos.

Olen itse kiittänyt sellaisessa tilanteessa, kun olen saanut esimieheltäni palautetta, joka ei tuntunut olevan oikeutettu. Sanoin parikin kertaa hänelle kesken palautteen annon, että kiitos, oliko vielä muuta? Olin itse rauhallinen tilanteessa. Hieman hämmentyneenä hän katsoi minua ja seuraavana päivänä pahoitteli käytöstään. Hän itse oli saanut ei mieleistä tietoa edellisenä päivänä ja jostain kumman syystä lähti minulle purkamaan kiukkuaan.

Olen myös nähnyt työssäni, miten ison vaikutuksen saa aikaan, kun pitkäjänteisesti joka kerta kiittää keskustelun jälkeen, niin lopulta työhönsä turtuneen työntekijän saa ikään kuin heräämään henkiin ja saa hänet innostumaan työstään. Sain myöhemmin kuulla, että tämä sama työntekijä oli hakenut työpaikan sisällä auki tullutta työtehtävää eli oli uskaltanut edetä työssään, vaikka alun perin ei ollut mistään tällaisesta juuri kiinnostunut. Ja kaikki tämä lähti liikkeelle niinkin pienestä sanasta kuin kiitos. Kiitos sanassa on voimaa.

Tämä työntekijä sanoi minulle alkuun monesti, että ei tarvitse kiitellä, sillä ei elä, ylemmältä tasolta pitäisi myös kiitosta tulla tai että kiitoksen sijasta voisi saada muutakin. Sanoin hänelle, että minun mielestä asioista pitää kiittää, varsinkin silloin kun siihen on aihetta. Ja koska tiesin, että sitä kiitosta halutaan kuulla. Pikku hiljaa hän ei enää kommentoinut mitään takaisin, kun sanoin hänelle kiitos. Toki myös vein paljon asioita eteenpäin esimiehenä ja osoitin olevani pätevä työssäni sekä arvostin omia tiimiläisiäni. Jossain vaiheessa tämä työntekijä alkoi itse sanomaan minulle takaisinpäin kiitos. Pidin tätä eräänlaisena voittona.

Jos sinä haluat itse kuulla kiitos sanan, niin kannattaa laittaa hyvä kiertämään ja sanoa ensin itse kiitos. Jonkun pitää aina olla se, joka uskaltaa aloittaa. Lopulta tämä kasvaa kasvamistaan niin, että sillä voi olla hyvin suuri merkitys.

Olen ollut monessa yrityksessä töissä ja huomioni on kiinnittynyt juuri tähän asiaan – on hyvin vaikeaa olla kiitollinen toiselle. Kiittämättömyys kasvattaa eripuraa helposti ihmisten välille. Ongelmat saattavat paisua todella pahoiksi eikä oikein osata nähdä edes ulospääsyä. Ajattele, miten suuri vaikutus voi olla niinkin pienellä sanalla kuin kiitos.

Liian monesti annetaan vain negatiivista palautetta. Saatetaan tuoda asioita esille hyvin töksäyttäen eikä osata keskustelun taitoa. Useassa työpaikassa ollaan kyllä silloin työntekijöihin yhteydessä, kun halutaan selvittää syitä johonkin ongelmaan ja jopa kun etsitään asiaan syyllistä. Eihän tässä muuten olisi mitään toisaalta erikoista ja ihan normaalia on selvittää asioita, mutta yleensä se tapa, millä lähestytään, saa työntekijät ensin varpailleen, osan jopa kiehumaan kiukusta ja työmotivaatio saattaa tippua niin pahasti, että haetaan sairauslomaa.

Hyvin harvoin annetaan hyvää palautetta, kiitetään tehdyistä töistä tai selvityksistä ongelmien suhteen. Jopa ongelman selvitessä saatetaan silti olla sillä asenteella, että olkaa nyt jatkossa huolellisempia, ettei taas käy näin. Jos todellista ratkaisua ei haluta löytää, kierre on valmis. Jos yritykset olisivat kiitollisia työntekijöistään, niin työmotivaatio nousisi todella paljon. Jos annettaisiin tilaa kasvulle ja hyvälle yhteistyölle, yrityksen toiminta voisi nousta merkittävästi. Kiitollisuudella on vaikutuksia niin moneen asiaan, jopa talouteen.

Niin kuin toin jo tämän esille, että minä pyrin olemaan kiitollinen joka päivä. Se luo hyvää energiaa ympärillemme ja poistaa negatiivisuutta. Tuolla hyvällä energialla saamme tehtyä asioita ja se vaikuttaa myös muihin. Se on kuin valo, joka laajenee. Se on samalla Rakkaus, joka kasvaa ympärillämme. Se saa meidät näkemään asiat ihan eri valossa eikä enää asiat tunnu niin raskaalta. Ja tämän takia mielesi ja kehosikin alkaa voimaan paremmin. Niin paljon on hyviä vaikutuksia sillä, että olet kiitollinen.

Kun asiat ei tunnu niin raskaalta, on huomattavasti helpompaa tehdä ne ikävimmätkin asiat ja saattaa jopa helpostikin ratketa ongelmat. Päivät ei tunnu niin pitkille eikä olotila ole iltasilla kaikkensa antanut ja raskas. Pystyt olemaan tuotteliaampi ja jaksat tehdä enemmän, kun otat kiitollisuuden taidon käyttöösi.

Kiitollisuus on Rakkauden osoitus itsellesi. Ehkä jo huomaat, kuinka Rakkaus liittyy kaikkeen.

Minulla on tapana sanoa kiitos sana kolmesti, kun kiitän jostakin. Kiitollisuus luvun loppuun voikin laittaa samalla tavalla nämä sanat.

Kiitos, kiitos, kiitos.

Luku 6

Luottamus

Luottamus

Luottamus on se kultainen lanka, joka pitää kaiken yhteydessä toisiinsa.

Tämä tuli itselle uutena asiana mielentyön aloittaessani siinä suhteessa, etten aiemmin ollut ajatellut, että kuinka syvästi voit uskaltautua luottamaan siihen, että asiat aina järjestyvät. Toki yritin luottaa jossain määrin, mutta silti tein itse asioiden eteen jotain. Eihän tämä ole huono asia tietenkään, mutta joskus teemme vääriä valintoja, kun yritämme ratkaista asioita liian nopeasti.

Sen takia ei pitäisi väkisin yrittää, vaan käydä ensin lenkillä, nukkua yön yli tai tehdä jotain, että ehdimme rauhoittua ja miettiä asiaa tarkemmin. Tämän asian olen joutunut opettelemaan kantapään kautta. Jos kirjaimellisesti ei ole hengenhätää, voit hyvin antaa aikaa asian ratkaisun löytymiseen. Joskus asia ratkeaa jo siinä, kun olet jättänyt asian hetkeksi pois mielestäsi.

Sillä on iso merkitys, miten ajattelemme yleensäkin luottamuksesta. Jos olemme kokeneet elämässämme tilanteita, jolloin luottamuksen on menettänyt johonkin tavalla tai toisella, voi olla vaikeaa luottaa yleensäkin mihinkään.

Itse olen saanut niin sanotusti siipeeni monta kertaa luottamuksen suhteen. Mielentyöni avulla ymmärsin, että ensimmäiset luottamuksen menetyksen tunteet tulevat lapsuudestani.

Lapsuus on hyvin herkkää aikaa ja silloin imemme itseemme eniten vaikutteita. Lapsen ja vanhemman välillä pitäisi olla aina luottamus kunnossa ja että lapsi voi luottaa siihen, että silloin kun häntä kohtaan käyttäydytään väärin tai tapahtuu jotain, on vanhempi tukemassa ja auttamassa. Näin ei aina kuitenkaan ole.

Itse olen kokenut kolme traumaattista kokemusta lapsena, yhden toistuvasti. Näiden todelliset vaikutukset kahden kokemuksen kohdalta ymmärsin mielentyön yhteydessä ja yhden jo teini-ikäisenä.

En muista minkä ikäinen olin, kun veteen liittyvä traumani syntyi. Olin ehkä viisi vuotias. Tämä kokemus jätti pelkoja veteen liittyen eli minua ahdistaa, jos jalkani eivät osu maahan välillä, kasvoille pärskähtävä vesi saa haukkomaan happea ja paniikin tunteen aikaiseksi sekä sukeltaminen ei ole ollut helppoa.

Minut painettiin väkisin veden alle, koska en ollut vielä oppinut sukeltamaan. Äitini ei osannut uida muuten kuin käsipohjaa. Hän ei koskaan oppinut uimaan, saati että olisi osannut sukeltaa muuten kuin pulahtaen nopeasti. Minulle ei siis äitini voinut opettaa kunnolla sukeltamista, kun ei itsekään osannut.

Tämä mieshenkilö sai minut aina varovaiseksi. Näin jälkeenpäin ymmärsin pelkääväni häntä. En mielelläni ollut hänen lähellään ja kun hän tuli uimaan kanssamme, minulle iski heti tunne, että minun pitää poistua vedestä nopeasti. Valitettavasti en ehtinyt. Hän sai minut otteisiinsa, kun olin juuri saanut kiinni rappusista. Hän saman tien painoi päästäni niin, että jouduin veden alle. En tietenkään ehtinyt vetää happea. Kuulin tämän miehen puhuvan toiselle veden alla ollessani, että minun on aika oppia sukeltamaan. Hän kuulemma alkoi opettamaan minua. Toisen huutaessa, että päästää minut pois, näin samalla laiturin alle, missä ravut mönkivät hitaasti menemään. Muistin samalla, kuinka äitini oli varoittanut meitä lapsia olemasta sukeltamasta silmät auki, koska siskoni oli saanut näin silmätulehduksen. Samalla heräsi pelko, että nyt saan minäkin sen.

Vaikka tilanne ei varmaankaan kestänyt kauaa, se silti tuntui ikuisuudelta. Lopulta mies päästi minut otteestaan ja hyppäsin vauhdilla ylös sekä juoksin saunalle. En muista, miten asiaa olisi käsitelty tai en ainakaan muista, että tämän jälkeen olisi tullut tunne, että minua olisi autettu tällaisen traumaattisen tilanteen jälkeen.

Mitä tästä sitten seurasi? Joka kesä jouduin monien vuosien ajan opettelemaan sukeltamaan, koska aina pitkän talven jälkeen koin ahdistusta ja pakokauhua veden alle joutuessa. Jouduin tietoisesti harjoittelemaan ja rauhoittamaan itseäni niin, että pystyin lopulta sukeltamaan kesän lopuksi melkein täysin normaalisti.

Jouduin myös opetella kestämään aaltojen pärskähdyksiä naamalle, etten menisi paniikkiin. Samoin jouduin opetella rauhoittamaan itseäni, että on ihan ok uida välillä syvemmälläkin kohdalla, että ei aina jalkojen tarvitse osua maahan.

Pahintahan tässä on jälkeenpäin ollut se, että kaikki ei ymmärrä tällaista traumaa tai mitään traumoja, vaan pitävät näitä heikkoutena. Ikään kuin se olisi ihan tyhmä juttu pelätä vettä ja veden varaan joutumista.

Lasteni isä oli yksi tällainen eikä ymmärtänyt käytöstäni. Kerran hän yritti opettaa minua pääsemään irti tästä hänen mielestään hölmöstä pelosta heittämällä minut syvempään kohtaan. Voitte arvata minkälaisen reaktion se sai aikaiseksi.

Mielentyön aloitukseni jälkeen olen käsitellyt traumojani, mutta en ole juurikaan käynyt uimassa, jotta voisin kokeilla miltä nyt tuntuu uida ja sukeltaa. En siksi, että en haluasi mennä uimaan, vaan on ollut niin paljon muuta ja aika vaan vierähtää kesäaikaan nopeasti. Aion nyt tulevana kesänä käydä kuitenkin uimassa useammin ja kokeilla, miltä nyt tuntuu.

Toinen traumaattinen kokemus, jonka jälkivaikutukset ymmärsin vuosikymmeniä myöhemmin, sattui teini-ikäisenä. Tämä sama mies oli tämänkin trauman takana. Itseasiassa hän liittyy myös kolmanteen traumaani.

Tällä kertaa olin taas rantasaunalla toisen veljeni kanssa. Veli yritti saada saunan uunia tulille, samalla kun minä nojailin ulko-oven pieleen ja juttelin hänelle. Tämä mies saapui mökille ja alkoi tentata, miksi en ollut siivonnut huonettani. Ei se nyt niin järkyttävässä kunnossa ollut, mutta se piti aina siivota niin täydellisesti, että ei saanut olla edes pölyä pinnoilla, kun tämä mies tuli käymään kylässä.

En ollut ehtinyt siivota, koska olin jäänyt suustani kiinni juttelemaan veljeni kanssa. En osannut yhtään arvata, mitä seuraavaksi tapahtui. Tämä mies käveli luokseni, tarttui minua kaulasta ja nosti minut ovenkarmia pitkin ylös niin, että olin ilmassa. Hän siinä tenttasi minulta, että miksi en ole siivonnut. Ei ole kovin helppoa vastata pakokauhussa ja jonkun puristaessa sinua kurkusta. En tiedä miten pitkään tilanne jatkui, muistan vaan veljeni sanoneen, että mitä minä ilmassa roikun.

Lähdin kotia vauhdilla irti päästyäni ja kotona kerroin tilanteen äidilleni. Hän tuntui vähättelevän asiaa tai ainakin tuntui siltä. En tiedä, jutteliko äiti tästä asiasta tälle miehelle tai käsiteltiinkö asiaa mitenkään. Tämän kerran jälkeen aloin inhota tätä miestä.

Mitä tästä sitten jäi minulle. Niin tietyissä tilanteissa koin palan tunnetta kurkussa, kuin mikään ei kulkisi läpi kunnolla. En pystynyt esimerkiksi nielaisemaan lääkkeitä ja aina piti kaikki purra mahdollisimman pieneksi, että sain tuosta samasta kohtaa, missä koin tämän puristavan käden kaulallani, menemään läpi. Olen myös kokenut monesti tunnetta, että en pysty hengittämään ja juuri tuohon samaan kohtaan tuntuu loppuvan hapen kulku. Varsinkin saadessani paniikkikohtauksen, tuntuu tulevan este tuohon samaan kohtaan.

Toinen asia mikä tästä kokemuksesta jäi, että siivoamisesta tuli toisaalta inhottavaa, epämukavaa ja toisaalta pakonomaista. Asiaa ei yhtään auttanut, että entinen mieheni vaati minua aina pitämään kodin hyvin siivottuna ja jos en ollut ehtinyt siivota pienten lasten kanssa, varsinkin kun toisen lapseni jälkeen koin synnytyksen jälkeisen masennuksen, niin sain kyllä kuulla siitä.

Eron jälkeen asuessani uudessa paikassa ja silloisen naapurin kanssa jutellessani tästä siivousasiasta opin, ettei aina tarvitse kaiken olla tiptop kunnossa. Koska lapsiperheessä ja yksinhuoltaja äitinä sekä töissä käyvänä ei vaan voi pitää kaikkea järjestyksessä ja se on ihan ok.

Kuitenkin aina halusin siivota, ennen kuin joku tulee käymään ja yleensä se tarkoitti hyvin pitkän aikaa sitä, että todellakin siivosin monta tuntia. En osannut ottaa kuitenkaan liian rennosti. Toki siisti koti on miellyttävä silmille ja tämä tuntuu hyvälle. Kokemukset vain veivät ilon siivoamisesta ja teki siitä jotain aivan kamalaa. Oli aina henkisesti valmistauduttava tähän.

Vasta ihan viimeisen vuoden sisällä olen enempi tullut asian suhteen sinuksi, enkä koe siivoamista epämiellyttäväksi ja pakolla tehtäväksi asiaksi. Yli kolmekymmentä vuotta siihen meni, että voin olla sinut siivoamisen kanssa.

Kolmas traumaattinen kokemus on lapsuuteni aikana toistuvasti tapahtunut asia. Tosiaan sama mies tämänkin takana. Tätä asiaa muistelimme useiden vuosien ajan serkkujeni kanssa kauhulla, koska hekin joutuivat tämän saman miehen käsittelyyn niin kuin minäkin. Puhuimme, kuinka hirveä tunne oli joka kerta, kun tämä mies sai sinut kiinni ja alkoi kutittelemaan.

Tätä ihan pelkäsi, että jos kulkee liian läheltä, sinut otetaan kiinni etkä pääse enää karkuun. Voisi tilannetta kuvailla, että sinut on saatu kiinni ja joudut kidutuspenkkiin. Ei siinä muuten mitään outoa olisi ollut, mutta kun hän aina vei sen liian pitkälle. Kutitteli niin, että et saanut enää happea.

Kerran muistan kuinka tuntui, että alan ikään kuin hävitä jonnekin. Muistan katsoneeni itseäni ylhäältä päin ja näin kasvoni sinertävän ja silmieni kääntyneen ylöspäin. Vasta mielentyön yhteydessä ymmärsin kyseessä olevan ruumiista poistuminen.

Koska olin jo niin monesti tuossa vaiheessa kokenut tuon kamalan kutittelun eikä kukaan koskaan tullut siihen väliin auttamaan, muistan kuinka luovutin juuri ennen tuota ruumiista poistumisen hetkeä. En ikään kuin enää jaksanut pistää vastaan.

Tätäkään asiaa ei tuntuneet aikuiset ymmärtävän, miten iso vaikutus tällä on lapseen ja että lapsen kanssa tällaisista kokemuksista pitäisi puhua. Eikä varmaankaan kukaan ymmärtänyt, millaisen trauman tämä sai aikaiseksi.

Ja miksi ihmeessä kukaan ei saanut tätä miestä aisoihin? Äitini on jo kuollut enkä voi enää asiasta jutella hänen kanssaan. Olen kuitenkin käsitellyt asioita hyvin paljon ja ymmärtänyt näiden merkityksen ja vaikutuksen elämääni. Olen pystynyt antamaan anteeksi ja ollut kiitollinen, että olen saanut käsiteltyä asioita ja että olen saanut työkaluja näiden traumojeni purkua varten.

Itse olen kyllä kutitellut omia lapsiani tai muiden lapsia, mutta pitänyt aina taukoa kutittelun välissä niin, että he ovat saaneet happea vedettyä. Onhan se ihan hauskaa, kun sen tekee oikein.

Olen myöhemmin ollut tosi herkkä reakoimaan siihen, että jos joku meinaa laittaa kätensä liian lähelle kainaloita tai yrittää kutitella, niin hyppäsin hyvin äkkiä liikkeelle tai taisin jopa huitaista reaktion omaisesti. Enää ei ole niinkään ollut tällaisia tilanteita, mutta en usko enää reagoivani samalla tavalla.

Kaikille näille traumoille on yhteistä se, että en ole saanut happea. Olen miettinyt, että onko osa astmakohtauksistani ollut edes astmakohtauksia vai ovatko ne liittyneet traumoihin.

Toinen mikä on yhteistä niin luottamuksen menetys eli se kallisarvoinen luottamuksen tunne. Lapsuuden ajan pitäisi tuntea turvallisuuden tunnetta ja että aikuisilta saat tukea sekä asioista voidaan jutella. Jos näin ei tehdä, luottamuksen tunne jää heikoksi.

Ja ehkä teille on jo selvinnyt, että entinen mieheni oli kuin suoraan tehty toistamaan näitä menneisyyteni kokemuksia. Paljon muitakin kokemuksia on lapsuuden ajoilta, jotka toistuvat myöhemmin elämässäni.

Samalla tavalla tietyissä tilanteissa koin tunnetta entisen mieheni kohdalla, että en voi kääntää selkääni häneen päin tai olla liian lähellä häntä tai jotain pahaa tulee tapahtumaan. En pystynyt juuri missään asiassa luottamaan mieheeni. Jouduin pettymään häneen lukuisia kertoja. Koin turvattomuutta monella tapaa suhteemme aikana. En kokenut olevani turvassa, enkä ainakaan kokenut olevani Rakastettu.

Näitä kaikkia asioita alkaessa purkamaan voin sanoa, ettei ihan sormia napsauttamalla kaikki solmut aukea. Nyt mielentyön aloituksesta on kulunut 3,5 vuotta ja edelleen joku tilanne tai keskustelu saa aikaiseksi sen, että huomaan jonkin yhteyden johonkin toiseen kokemukseen. Näitä ei enää niin usein tule ja yleensä heti aloitan asiaa käsittelemään pois.

Vaikka olen luottamuksen menettänyt monesti, niin lapsena kuin aikuisena eri yhteyksissä, kuitenkin olen löytänyt luottamuksen uudestaan. Ja itse yhdistän luottamuksen turvallisuuden tunteeseen. Joten olen oppinut tuntemaan oloani turvallisemmaksi enkä enää anna peloille valtaa. Jos tällainen vanha tunne yrittää nostaa päätään, laitan käteni sydämeni päälle, hengitän rauhallisesti, pysähdyn hetkeen ja sanon – minulla on kaikki hyvin. Olen turvassa.

Sen näkee monestakin ihmisestä, jos hänellä on käsittelemättömiä asioita. Tyypillisiä merkkejä ovat, ettei uskalla silmiin kunnolla katsoa, asento on kyyristynyt, piiloutunut eli vedetään olkapäät eteen. Tietynlainen varmuus puuttuu, saatetaan olla hyvin ailahtelevainen eli ensin on vaikka innoissaan, mutta sitten alkaa etsimään niitä negatiivisia puolia. Keskustelun aikana saattaa pidättää hengitystään useamman kerran.

Kun kaikki on hyvin, ihminen seisoo suoremmassa, olkapäät rentona taaksepäin, olemus on rauhallinen, monesti hän on hyvin hymyilevä, pysyy kannassaan ja voi puhua asioista hyvin huoletta.

Miten sitten kasvattaa luottamusta? Ensimmäiseksi on hyvä selvittää, miksi emme osaa luottaa. Pitää käsitellä niitä uskomuksia ja tarinoita, mitä meille on syntynyt kokemuksiemme ja traumojemme myötä. On mentävä asian juureen, jotta voimme eheytyä ja alkaa taas luottamaan. Tähän auttaa sekin, että meillä on lähellämme sellaisia ihmisiä, jotka ovat luottamuksemme arvoisia tai saamme kokea luottamuksen tunnetta heidän kanssaan.

Niin kuin monessa muussakin kohtaa, on vain aloitettava jostakin ja mentävä pienin askelin eteenpäin. Eikä sinun tarvitse kerralla saada valmista, tällaiset asiat vievät aikaa. Ja kukaan muu ei voi näitä asioita käsitellä, kuin sinä itse. Sinä teet tämän sinua itseäsi varten, et muita. Kaikkien kokemuksiesi jälkeen on sinun aikasi loistaa.

Joku ehkä kysyisi, että miksi luottaa. Vastaukseni tähän on, että kun olen ottanut luottamuksen elämääni, minä en ole enää se menneisyyteni vanki, vaan elän tässä hetkessä vapaana. Olen onnellinen siitä, että olen elossa ja kaikki on juuri nyt hyvin. Oloni on niin erilainen ja tuntuu todella hyvältä taas luottaa sekä odotan innolla, mitä tulevaisuus tuo tullessaan. Luottamus avaa ovia.

Elän ja toimin nyt luottamuksesta käsin. Mitä seuraavaksi tapahtuukaan, sen on tarkoitettu menevän juuri silloin ja siten, kun sen pitääkin mennä. Koska arvostan itseäni ja uskon ansaitsevani kaiken haluamani, voin luottaa siihen, että saavutan kaikki juuri silloin, kun sen katsotaan olevan minulle parhaaksi. Kaikki tämä tehdään Rakkaudesta käsin.

Olen hyvin rauhallisin mielin tulevaisuuteni suhteen, enkä etukäteen murehdi mitään. En pelkää, että jotain pahaa tapahtuu tai että loisin eri skenaarioita, miten joku asia voisi mennä pieleen. Tapanani oli hyvin pitkään aikaisemmin luoda niin sanotusti piruja seinälle ja pelkäsin aina pahinta. En osannut ajatella, että jotain hyvää voisi tapahtua. Osasin vain odottaa, että taas asiat menevät pieleen eikä mikään onnistu. Saatoin monesti todeta, että vain minulle käy näin, kun jotain pahaa, negatiivista oli tapahtunut. Olin pessimisti, joka ei pety.

Kun olen yrittänyt aiemmin ennen tätä olla optimisti, niin hyvin moni alkoi painamaan alas. Heti tuodaan esille, että pessimistinä et pety koskaan. Ihmiset eivät luota enää siihen, että jotain hyvää voisi tapahtua. Ei vaan osata enää luottaa. Varsinkaan ei luoteta ihmeiden tapahtuvan ja jos joku ihme tapahtuu, niin heti pessimisti nostaa päätään, että kyllä se kohta kääntyy taas toiseen suuntaan tai seuraavaksi uskotaan tapahtuvan jotain pahaa. Miksi emme pysty luottamaan, että hyviä asioita, ihmeitä voi tapahtua useita tai että ei kaikki heti mene päin mäntyä?

Maailma todellakin tarvitsee Rakkautta, jotta se voisi kaikesta parantua ja eheytyä. Tarvitsemme korkeamman voiman lempeää ja Rakastavaa ohjausta. Ja me tarvitsemme toisiamme, jotta voimme todella saavuttaa tilan, jossa jokaisella on hyvä olla. Ole ensin armollinen itsellesi.

Luottamus on positiivista energiaa. Se poistaa ympäriltämme negatiivisuutta ja saa näkemään asiat eri tavalla. Itse Rakastan positiivisuutta ja sen tuomaa tunnetta. On ihana, kun pystyy näkemään kauneutta ja olla rauhallinen.

Toki niitä huonojakin päiviä on. En sano, että elämä olisi ruusuilla tanssimista, vaan että osaat palata negatiivisuudesta takaisin positiivisuuden puolelle. Osaat ottaa asiat vastaan ilman, että teet niistä elämää suuremman ongelman. Et enää uhriudu ja ole draamakuningatar. Aina asioihin löytyy ratkaisu. Mikään asia ei ole niin suuri, ettei sitä voisi käsitellä ja kohdata.

Luottamuksella voimme kasvattaa turvallisuuden tunnetta. Kun huomaamme, että voimme luottaa, niin alamme tuntea turvallisuuden tunnetta. Alamme uskoa, että kaikki menee hyvin.

Kun alamme luottamaan, silloin emme enää pidättele itseämme. Jos uskallamme vapauttaa itsemme, mihin kaikkeen oikeastaan pystyisimme? Voimme vihdoin lähteä toteuttamaan unelmiamme. Se voi vaatia niin sanotun uskon hypyn. Uskaltaa vihdoin tehdä sen päätöksen ja pysyä siinä.

Älä anna pelkosi rajoittaa sinua. On sinun aikasi loistaa. Jotta voidaan pystyä luottamaan, on opittava päästämään irti menneisyydestä. On purettava kokemuksia ja uskomuksia. On aika alkaa näkemään itsensä Rakkaudesta käsin. Tuntemaan itsensä arvokkaaksi ja poistaa negatiivisia asioita läheltään.

On annettava tilaa luottamukselle. Olet ansainnut tuntea luottamusta elämään ja unelmiasi kohtaan.

Luku 7

Vapaus

Vapaus

Olla vapaa kuin taivaan lintu.

Vapauden tunne saa hapen kulkemaan paremmin. Se saa värit loistamaan ja iloitsemaan kuin lapsi saadessaan mieluisan yllätyksen. Kun ei enää mikään kahlitse, rajoita tai vaikuta meihin, voimme olla aidosti vapaita.

Vapauden tunne poistaa kaiken pakon tunteen, auttaa näkemään asiat eri valossa. Pystyt taas lähteä luomaan uutta ja nautit elämästä ihan uudella tavalla. On paljon helpompaa nähdä, mitä haluat tehdä elämässäsi ja millaisia unelmia haluat tavoitella.

Itse koen suurta helpotusta, kun ei tarvitse pakonomaisesti suorittaa. Tehdä jotain, mikä ei tunnu oikealle ja varsinkin, jos sinun pitäisi tehdä jotakin jollekin muulle etkä voi antaa itsellesi tai unelmillesi aikaa.

Olen oppinut ymmärtämään, että pitää vapauttaa itsensä kahleista. Niistä, jotka jarruttelevat, estävät kulkemistasi tai hidastavat sinua. Vai oletko itse itsesi kahlinnut johonkin?

Olemme todella hyviä kertomaan tarinoita itsellemme. Uskottelemme välillä, kuinka nyt jokin asia on tai muka pitää olla. Saatamme jopa syyllistää jotakin muuta, koska emme uskalla katsoa totuutta silmiin. Ehkä olisi nyt aika vapauttaa itsensä näistä tarinoista.

Saatamme puhua itsellemme tai ääneen muillekin, kuinka jostakin syystä emme voi nyt tehdä niin tai näin. Oli kyse työpaikan vaihtamisesta, toiselle paikkakunnalle muuttamisesta, jättämisestä taakseen tietyt ihmiset tai että lähtisi unelmiaan tavoittelemaan. Itse olen ollut todella taitava puhumaan asioita niin, että ne miellyttävät minua. Saanut kuulostamaan selityksen pätevämmälle, miksi toimin näin.

Entisen mieheni kanssa opin tämän itsensä huijaamisen taidon. Yritin peitellä mieheni tekoja, saamaan näyttämään asiat paremmalle ja leikkimään onnellista muille. Yhdessä vaiheessa synnytysmasennuksen aikaan opettelin ihan peilin edessä hymyilemään, jotta kukaan ei huomaisi olotilaani. Hymy ei siis tullut normaalisti kasvoilleni ja peilin edessä pystyin keskittyä niihin lihaksiin, joiden avulla kasvoni sain hymyilemään.

En uskaltanut tunnustaa pitkään aikaan, vasta eroni jälkeen, että minulla oli selkeästi synnytyksen jälkeinen masennus. Neuvolassa kyllä yritti monesti tuoda asiaa esille, mutta aina kielsin tilanteen. Jos olisin myöntänyt sen, niin mieheni olisi hävennyt minua ja entistä enemmän haukkunut hulluksi ja mielisairaaksi. Hän ei ymmärtänyt masentuneita ihmisiä.

Tunsin olevani kahlittu ja avain oli heitetty pois. Olin kuin siipirikkoinen lintu, joka ei voinut enää lentää. Olin nujerrettu.

En pystynyt näkemään mitään hyvää tulevaisuudessani. En nähnyt pois pääsyä. Seinä nousi pystyyn joka puolella, minne ikinä yritinkään katsoa tai yritin nähdä toivon pilkahdusta. Ainoat valonlähteeni olivat lapseni. Ilman heitä olisin saattanut päättää matkani jo kauan sitten. He pelastivat minut.

Olen sanonut ääneen useamman kerran, että suhteestani entiseen mieheeni, jäi tasan kaksi hyvää asiaa – poikani ja tyttäreni. He opettivat minulle ensimmäisen kerran elämässäni, mitä todellinen ja aito Rakkaus on.

Muistan kuin eilisen, kun laitoin pyykkejä kuivumaan ja poikani oli noin puoli vuotias. Poika oli sitterissä ja seurasi touhujani. Kesken kaiken päätin kostealla harsolla pyyhkäistä pojan päältä, lempeästi kuin tuulessa liikkuva, juuri ja juuri koskettaen ensin hänen päätään, sitten kasvoja ja lopuksi vartaloa. Poika innostui tästä ihan mahdottomasti. Oikein tärisi siitä ihanasta tunteesta, kun harso osui kevyesti häneen. Alkoi ihan kiljahdella ja ilmoitteli, että haluaa aina uudestaan ja uudestaan tuntea tämän.

Sillä hetkellä tunsin valtavaa tunnetta sydämessäni ja ymmärsin sillä hetkellä, että kyse on Rakkaudesta. Samalla kun harso pyyhkäisi poikani yli, todellinen Rakkauden voima täytti sydämeni ensimmäisen kerran.

Tähän tunteeseen aina vertaan, että onko kyse aidosta, puhtaasta Rakkaudesta. Koska sen tiedän varmaksi, ettei tuon puhtaampaa Rakkautta ole, kuin äidin ja lapsen välillä voi olla. Ja toivon, että jokainen voisi kokea kerran elämässään sen hetken, jolloin ymmärtää, mitä on todellinen Rakkaus. Sen jälkeen voit varmistaa, onko tuntemasi tunne jonkun asian tai henkilön kohdalla Rakkautta vai jotain muuta.

Tuo voimakas Rakkauden tunne antaa elämääsi uskoa, toivoa ja vapautta. Se sulattaa pahimmatkin kahleet, poistaa korkeimmatkin esteet ja valaisee polkusi niin kirkkaasti, ettet voi enää eksyä. Olet vapaa. Hengitä.

Vapauden avulla pystyt taas iloita ja löytää yhteyden tunteen. Tunnet olevasi yhteydessä johonkin suurempaan. Olet vapaa tuntemaan Rakkautta. Voit taas luottaa ja uskoa elämään. Voit nähdä mahdollisuutesi ja luoda unelmia. Sinulla on avain universumiin, joka avaa sinulle uuden maailman. Vihdoin näet asiat täysin uudessa valossa.

Itse ymmärsin eron jälkeen vähitellen, että mikä merkitys on sillä, että voi kokea vapautta. Niin pitkään kahlittuna piilossa maailmalta, minä pystyin nyt levittämään siipeni ja lentää.

Vaikka paljon tulikin räpisteltyä alkuun, alkoi jossain vaiheessa lento onnistua paremmin. Oli kuin olisi nähnyt kaiken ihan eri tavalla, uuden maailman avautuessa. En ollut enää oman elämäni vanki – olin vapaa.

Olen joskus taaksepäin katsoessani miettinyt, että kuinka nyt näyttää tuo elämä käyneen jollekin muulle. Niin paljon monella tapaa olen muuttunut matkalla. En ajattele asioista samalla tavalla enkä ole niin sokea. Uskallan olla rohkeampi, olla oma itseni enkä enää mieti, mitä muut miettivät minusta.

Entinen mieheni sanoi monta kertaa, että mieti nyt, mitä muut sinusta, tästä tai tuosta asiasta ajattelevat. Hän juurrutti tämän mieleeni todella pitkäksi aikaa, vuosien ajaksi. Välillä tuntui, etten muuta osaakaan ajatella, kuin että mitä muut nyt ajattelevat. Toki samankaltaista ajatusmaailmaa oli myös lapsuudessani, mutta mieheni loi siitä eräänlaista taidetta.

Tämä takia mietin todellakin kaikkea. Miltä näytän, kuinka pukeudun, miten puhun tai mitä sanon. Voinko sanoa jotain, kuinka kävelen tai istun. Voinko olla yhteydessä johonkin. Osaanko tehdä sitä tai tätä. Voinko ostaa jotakin tai vaikkapa, että näkeekö joku minut. Pelkäsin, että tuotan häpeää miehelleni ja saan sitten taas huudot siitä.

Toinen ihminen voi kahlita meidät hyvinkin vahvasti. Voi luoda ihan uuden maailman ympärillemme ja täyttää sen kaikenlaisilla uskomuksilla. Ja vuosien ajan aivopestä meitä niin voimakkaasti, että emme osaa nähdä muuta.

Tunsin kuitenkin jossain määrin, että tämä ei ole oikein. Siksi välillä otimme yhteen ja riidat olivat isoja. Aloin myös uhriutua, kokea olevani uhri. Mielentyöni aikana oivalsin, kuinka nyt vastaavissa tilanteissa olisi parempi toimia. Toki en enää samanlaista miestä olisikaan ottamassa.

Oikea tapa olisi ollut ymmärtää, että tämä suhde ei ole terve ja kummallekin parhaaksi olisi ollut se, että olisimme lähteneet paljon aikaisemmin jo erilleen. Koska mieheni ei ymmärtänyt minua millään tavalla, vaan yritti korjata minua mieleisekseen. Silloin on ihan turha väitellä vastaan tai saada toista ymmärtämään. Sellaista päivää ei ole tullut vieläkään. Hän ei osaa puhua tunteistaan, olla empaattinen eikä osaa pyytää anteeksi.

Toki tietenkin, jos olisin eronnut jo ennen lasteni syntymiä, eivät lapseni olisi sellaiset kuin nyt he ovat. Tai eihän sitä tiedä, olisinko koskaan saanut edes lapsia. Joten oli tarkoitettu, että lapset syntyvät ja heistä tulee juuri he, mitä he ovatkin. Kaksi elämäni valoa.

En ainoastaan vapauttanut itseäni huonosta suhteesta, vapautin myös lapseni. Ei ole tervettä kasvattaa lapsiaan niin toksisessa, negatiivisessa ympäristössä. Oli tarkoitettu, että minä kasvatan heidät.

En usko, että olisin voinut olla lähellekään sellainen äiti, kuin mitä halusinkin olla jo lapsena äitiyttä miettiessäni, jos en olisi eronnut. Olisin toistanut samoja kaavoja lapsilleni, mitä parisuhteessa koin. Olisin luonut niin huonoja uskomuksia heille ja kertonut niin pahoja tarinoita, millaisia he ovat. Olisin vierittänyt pelkoni heille.

Nyt kun ymmärrän asioita paremmin ja osaan katsoa, miten asiat olisivat voineet mennä ja miten asiat lopulta menivät, niin olen todella kiitollinen siitä, että osasin päästää irti.

Vaikka en heti eron jälkeen ole tätä aloittamaani mielentyötä tehnyt eikä silloin minulla ollut mitään työkaluja asioiden korjaamiseksi, mutta niin kuin olen aiemmin sanonut, minun elämään tuli aina sellaisia ihmisiä ja juuri silloin, kun tarvitsin uutta näkemystä asioihin.

Voisi kuvailla näin, että ensin vapautin kehoni kahleista, sen jälkeen mieleni. Mielenkahleista ei niin nopeasti pääse irti, mutta kun lopulta niistäkin vapautuu, avautuu rajaton mahdollisuus.

Yleensä vapaudesta puhuttaessa esitetään tietynlaisia kysymyksiä. Kuten, mitä tekisit, jos saisit vapaasti mennä ja olla? Missä näkisit itsesi, jos sinulla olisi vapaus valita? Millaisia asioita tekisit?

Olen näihin samoihin kysymyksiin vastaillut useasti. Toki nämä auttavat havainnoimaan asioita ja pistävät miettimään, varsinkin jos ei ole aiemmin uskaltautunut ajattelemaan vapaata elämää. Ja moni meistä kokee monenlaista estettä, mitkä ovat vapautta rajoittavia, kuten työpaikka, josta kokee, ettei voi lähteä tai jokin asia pitää sinua juuri tietyssä paikassa, missä et oikeasti halua olla.

Itse noihin kysymyksiin niin monesti vastanneena en enää saa niistä irti samalla tavalla. Haluan nähdä asiat eri tavalla, kuten katsomalla asioita omien unelmien kautta. Unelmaelämä on samalla vapaus. Kysymyksien avulla voi tietenkin herätä ajatuksia omien unelmiensa suhteen. En siis sano, etteikö noista kysymyksistä ole hyötyä, itse olen vain jo vapauden suhteen paremman puolella.

Vapaus on elämää ilman rajoitteita. Se tuo eteesi mahdollisuuksia. Voit elää elämääsi ilman suurempia huolia ja pystyt vetämään keuhkosi kunnolla täyteen tuota elämän eliksiiriä, happea.

Jotta voimme todella olla vapaita ja antaa samalla unelmille tilaa kasvaa, on meidän purettava kahleemme. Kaikki mikä estää sinua, kaikki mikä jarruttaa sinua ja kaikki mikä hidastaa sinua. Ota tilasi haltuun − vapauta itsesi.

Luodaksesi uuden minäkuvan, sinun on oltava vapaa. Älä vie uuteen minäkuvaasi mitään, mikä rajoittaa sinua. Anna uudelle minäkuvallesi mahdollisuus elää vapaana.

Kun et enää epäile, luo negatiivisia tarinoita, vähättele tai pienennä itseäsi etkä pelkää kaikkea ja et enää piiloudu, pystyt lopultakin antaa sisäisen valosi loistaa. Tunne, kuinka tämä alkaa kasvamaan. Tämä on sinun tarkoituksesi. Älä enää pidättele itseäsi.

Aina voit aloittaa uudestaan. Voit aina painaa resetointi nappulaa ja palata alkuun puhtaalle pöydälle. Sinun on uskallettava kokeilla, joko siipesi ovat tarpeeksi vahvat kantamaan.

Jos jäät vain odottamaan, että joku pelastaa sinut, niin elämäsi jatkaa matkaa ja katsot vain sivusta, miltä elämäsi voisi näyttää. Sinä olet muutos. Sinä olet mahdollisuus. Sinä päätät.

Tärkeintä on, että teet sen päätöksen. Tämä voi muuttaa niin monella tapaa elämääsi. Et ehkä vielä näe kaikkia mahdollisuuksiasi, mutta niitä on. Usko pois.

Luodaksesi unelmasi todeksi – vapauta itsesi.

Luku 8

Hyväksyntä

Hyväksyntä

Meistä jokainen ansaitsee tulla hyväksytyksi.

Hyväksytyksi tulemisen tunne on syntynyt jo lapsuudessamme. Olemme oppineet hakemaan aina joltakin hyväksyntää. Ikään kuin emme voisi mitenkään tehdä tiettyjä päätöksiä, ennen kuin olemme hyväksyttäneet ne jollakin. Jos elää parisuhteessa ja toinen on selkeästi vahvempi persoona, niin saatamme hakea häneltä hyväksyntää eri asioihin. Työpaikalla haemme hyväksyntää työkavereilta tai toimihenkilöiltä. Saatamme hakea hyväksyntää ystäviltä ja kavereilta. Lapset hakevat hyväksyntää vanhemmiltaan.

Oletko koskaan miettinyt, kuinka monelta oikeastaan haet hyväksyntää? Yhteiskunnaltakin voi hakea tätä. Olenko riittävän hyvä naapuri, kuntalainen, kansalainen tai ihminen? Toki asioista on hyvä keskustella, jotta saa perspektiiviä päätöksien tekoon, mutta toiset oikein hakemalla hakevat hyväksyntää.

Näin esimerkkinä, että olen itse aikoinaan hakenut hyväksyntää mieheltäni. Yritin olla hänen mieleensä. Pukeuduin ja laittauduin niin, että olisin nyt riittävän kaunis hänelle. Istuin välillä kuin patsas paikoillaan enkä uskaltanut siitä liikkua, vaikka vessahätä olisi ollut todella paha. Hain kokoajan katseella ikään kuin hyväksyntää sille, että saan liikkua. Ja kun lähdin liikkeelle, mietin miten liikun, kokoajan hyväksyntää tällekin hakien.

Jokaisessa asiassa hain hyväksyntää häneltä. Jälkeenpäin tuntuu ihan hullulle, että miten voinkin olla noin arka ja pelokas. Mutta kun toinen on niin vahva persoona ja olin pyrkinyt lapsenakin jo olemaan kiltti, tekemään kaikki oikein, niin samaa jatkoin sitten suhteessanikin. Eli edelleen, taas sama kaava jatkui mieheni kanssa, minkä olin lapsuudessani oppinut.

Jos muistatte siivoukseen liittyvän traumani, niin siihen liittyy hyvin voimakkaasti se, että yritin miellyttää ja hakea hyväksyntää sen asian suhteen, että olen ollut kiltti ja siivonnut huoneeni hyvin. Olenhan?

Toisaalta hain myös hyväksyntää lapsena sille, että olen parempi lapsi enkä aiheuta vanhemmilleni huolta niin kuin toinen isoveljeni. Pyrin miellyttämään kaikin tavoin, tosin aina en siinä onnistunut.

Vielä joku 10 vuotta sitten isäni luona käydessä ja silloisen naapurini ollessa mukana, niin tämä naapuri kertoi jälkeenpäin ajellessamme kotia, että selkeästi huomasi kuinka olemukseni muuttui isäni seurassa. En ollut se sama henkilö, jonka naapuri tiesi. Olin kyllä varoittanut, että olen erilainen isäni seurassa, koska en voi olla oma itseni. En voi puhua yhtä vapaasti, ryhti ja olemus muuttuvat, puhun eri tavalla, en heitä vapaasti huumoria enkä ainakaan naura sydämeni pohjasta. Voisi sanoa, että vedin eräänlaista roolia ja ennen näyttämölle astumista puin rooliasuni päälle. Vasta mielentyöni aloitettua olen oppinut olemaan vapaammin isäni seurassa. En ole enää arka ja pelokas. En hae hyväksyntää ja olen oma itseni. Tämä vaati paljon asioiden käsittelyä ja purkamista. Hyväksyin itseni ja päätin, että on aika muidenkin hyväksyä minut, enkä aio enää pukeutua mihinkään rooliasuun.

En sano, että sinun vaan nyt pitäisi hyväksyä itsesi sellaisena kuin olet, vaan sinun pitää ymmärtää, ettei sinun tarvitse hakea hyväksyntää muilta.

Samalla kun haemme tätä tunnetta, haemme riittävyyttä ja että olemmeko tarpeeksi. Me olemme oppineet hakemaan näitä jo lapsena, jotta meidät huomattaisiin. Haluamme tulla huomatuksi, näkyväksi.

Aikuisena voimme käsitellä näitä asioita eri tavalla kuin lapsena. Kun opimme ymmärtämään, ettei meidän tarvitse hakemalla hakea huomiota keneltäkään, vaan voimme olla vapaasti oma itsemme. On hyvä opetella miettimään, mikä minusta tuntuu hyvälle. Mitä minä haluan tehdä, miten haluan vaikkapa pukeutua tai millaisia päätöksiä haluan tehdä.

Aikaisemmin kiitollisuus luvussa toin esille, kuinka kiitos sanalla voidaan kontrolloida toista, silloin kun toinen henkilö hakee hyväksyntää toiselta. Kun odottaa toisen reagoivan jotenkin, osoittaen sinulle, että olet nyt tämän asian arvoinen, haet itseasiassa hyväksyntää.

Niin kuin eläinmaailmassa, vahvat vaistoavat heikot ja silloin nämä voidaan ikään kuin uhrata tai käyttää heitä hyväksi. Toisista voi jopa nähdä epätoivoisuuden paistavan läpi ja ovat näin valmiita tekemään ihan mitä vain. Tämän takia on niin paljon surullisia tarinoita, joissa miellyttämisen halu on vienyt monta sielua pimeyteen.

Näissä tapauksissa on käynyt niin, että elämä on tuonut eteen henkilön, jota ensin pitää todella hyvänä ja kun todellisuus paljastuu, voi olla jo myöhäistä. Ja mikään mitä teet, ei tule koskaan riittämään. Mikään ei ole tarpeeksi.

Monesti taustalla on se, ettei lapsena ole saanut hyväksynnän tunnetta tuntea tai että olisi ollut millään tavalla riittävä. Tämän takia lapsille pitää luoda vahva pohja sen suhteen, että heidät on hyväksytty ja he ovat riittäviä sellaisina kuin he ovat.

Nykyisin lapsilta vaaditaan paljon. On erilaisia harrastuksia joka lähtöön ja muuta toimintaa. Tuntuu, että lasten pitää olla superihmisiä ja heidän päivänsä pitää täyttää kaikenlaisella ohjelmalla. Jos lapsi tätä itse haluaa,

111

se on ihan ok, mutta jos vanhempi on se, joka haluaa, niin silloin lapsi voi joutua hakemaan hyväksyntää vanhemmiltaan enempi. Olenko riittävän hyvä toteuttamaan vanhempieni toiveet? Niin kuin monella muullakin lapsuuden kokemuksella, niin tälläkin on isot merkitykset lapsen kasvaessa aikuiseksi tai jo ennen sitä. Me vanhempina vaikutamme lapsiemme elämään niin monella tapaa. Kaikella on merkitystä. Oli kyse sanoista, teoista, eleistä, sanattomuudesta, tekemättömyydestä tai ei olla läsnä lapsen elämässä, niin kaikki tämä vaikuttaa lasten tulevaisuuteen. Asioilla voi olla hyvinkin isot vaikutukset ja näitä kun aloitetaan purkamaan, niin herää monia kysymyksiä ja ajatuksia.

Hyväksynnän kautta haemme itsellemme arvoa. Olemmeko tarpeeksi arvokas? Emme osaa antaa itsellemme arvostusta, jolloin sitä haetaan muualta. Jos hyväksynnän haku on hyvinkin voimakasta, se voi vaikuttaa addiktoitumiselta. Jatkuva tarve tulla hyväksytyksi jokaisella elämän osa-alueella tai vain tietyllä osa-alueella voi alkaa hallita liikaa elämäämme.

Tämän tunteen hakemisen voimakkuuden vuoksi voikin olla enempi töitä tehtävänä syiden purkamisen suhteen ja juurisyy voi olla tiukassa. Ensin pitäisi osata nähdä, kuinka voimakas on tarve miellyttää ja hakea sitä hyväksyntää, koska osaamme hyvin myös kieltää ja olla näkemättä totuutta.

Kun alkaa näkemään ja hyväksymään tämän, niin asiaa kannattaa lähestyä vähän kerrallaan. Käydä läpi kuin sipulin kerroksia ja käsitellä jokainen kerros omana asianaan. Näin minäkin tein.

Ei ole helppoa kohdata totuutta, mutta kun osaa nähdä kaiken sen yli, voi nähdä elämänsä eri valossa. Onhan se parempi addiktoitua johonkin parempaan, varsinkin Rakkauden tunteeseen.

Sen takia sanonkin, että on aika kiittää sitä sisäistä pelokasta lasta, jos tämä edelleen kulkee mukana ja sanoa, että enää ei tarvitse hakea hyväksyntää eikä tarvitse hakea huomiota. Me voimme itse nousta jalustalle ja nostaa itse itsemme näkyville. Ja se on ihan ok, tulla näkyväksi. Kun pystyt tämän tekemään, myös universumi huomaa sinut ja kuulee sinut. Samalla nouset lähemmäksi unelmiasi.

Elämä on täynnä valintoja. Jokaisen pitää itse miettiä, minkä valinnan tekee. Voit valita edelleen jäämään siihen samaan tilaan, jos se on sinulle ihan hyvä niin. Tai voit valita muutoksen ja luoda elämääsi uutta. Joka tapauksessa, sinä hyväksyt päätöksesi. Ei kukaan muu.

Voimme harjoitella peilin edessä hyväksyntää. Koska hyväksyntää hakeva on arka ja pelokas, niin sinun on uskallettava kohdata itsesi. Nähdä itsesi. Tulla nähdyksi.

Jos olet ajatuksen kanssa lukenut aiemmat osiot kirjastani ja lähtenyt miettimään muutoksen tekoa, niin nosta nyt itsesi siinä peilin edessä sille kuvitteelliselle jalustalle. Näe sinusta lähtevä valo, sisäinen kauneutesi. Tunne Rakkauden voima ympärilläsi. Seiso suoremmassa, laske olkapääsi alas ja rentoudu. Laita silmäsi kiinni ja hengitä. Kaikki on hyvin.

Ole kiitollinen siitä, että uskallat kohdata itsesi ja tulla nähdyksi. Hymyile. Koe miltä vapaus tuntuu. Hengitä. Rentoudu.

Näe uusi minäsi, kuka olet. Olet omien unelmiesi arvoinen. Olet ansainnut kaiken hyvän elämääsi. Sinä teet päätöksesi. Sinun on aika loistaa. Elämäsi valo haluaa tulla vihdoin esille. Rakkaus haluaa tätä sinulle eikä kukaan muu voi niin vahvasti Rakastaa sinua, kuin sinä itse.

Anna tilaa Rakkaudelle ja ota Rakkauden hyväksyntä vastaan.

Luku 9

Uskomukset

Uskomukset

Meillä kaikilla on omat uskomuksemme.

Nämä ovat muodostuneet suurimmalta osin jo lapsuudessamme tai ovat voineet siirtyä vanhemmiltamme meille. Uskomukset ja tarinat kulkevat meissä eteenpäin meidän omille lapsillemme. Tosin voimme päättää, mitä uskomuksia haluamme viedä eteenpäin. Ihmiset pitävät erilaisten tarinoiden kertomisesta ja kuulemisesta. Jo lapsena haluamme kuulla tarinoita, joko että ne luetaan kirjoista tai kerrotaan omin sanoin. Lapset myös kuuntelevat tarkasti, mitä tarinoita aikuiset puhuvat keskenään ja imevät näistä vaikutteita itseensä. Voisi sanoa, että lapset ovat kuin pesusieniä, jotka täyttävät itsensä monilla eri tarinoilla.

Me kerromme näitä naapureiden välillä, kavereille, työkavereille, sukulaisille ja monelle muulle. Juorut ovat eräänlaisia tarinoita. Toiset suorastaan Rakastavat näitä. Mitä mehukkaampia juoruja – sitä parempia.

Lapset ottavat herkemmin tosissaan kuulemansa juorut, koska he eivät osaa erotella samalla tavalla kuin aikuiset, että voisiko juoruissa olla liioittelua.

Uskomukset syntyvät, kun kuulemme asioita useamman kerran. Saatamme kuulla elämämme aikana useita kertoja tarinoita siitä, millaisia me olemme. Ja kun tarpeeksi monta kertaa kuulee, alamme uskoa näihin. Nämä jäävät sisäämme elämään ja alamme käyttäytyä sen mukaan. Ehkä puhummekin itsellemme samaa tarinaa. Emme enää näe tämän uskomuksen taakse, että tämä on vain tarina – ei totuus.

Todellisen totuutemme löytääksemme joudumme purkamaan esteitä ja rajoitteita. Käymme läpi montaa asiaa ennen kuin voimme löytää totuuden sisältämme. Tie voi olla pitkä ja kivinen, riippuen siitä, miten syvällä uskomukset ovat ja oletko todella valmis muutokseen.

Syvälle juurtuneet uskomukset vaativat syvällisempää selvitystä. Mistä nämä juontavat juurensa? On porauduttava ytimeen, vaikka se tekisi kipeää. Saatamme joutua aukaisemaan arpia, koska arven alla vielä tapahtuu edelleen. Eheytyäkseen on katsottava sisälleen. Kuka näitä tarinoita on luonut? Kenen uskomuksissa elän?

Itselle tuli voimakas halu muuttua. Halusin vihdoinkin eheytyä ja kasvaa todelliseksi minäksi – siksi kuka minä olen.

Näen muutoksen jatkuvana kehittymisenä, koska aina tulee vastaan jotain, joka saa ajattelemaan asioita uudella tavalla. Saa näkemään eri valossa tai tulee täysin uusi näkökulma jostakin, mitä ei ole edes osannut aiemmin ajatella.

Viimeisimpänä ymmärsin, että monellakin tapaa elämäni aikana minua on yritetty pienentää ja yritetty painaa alas monellakin tapaa. Olen myös itse pyrkinyt välttämään niin sanotusti parrasvaloja enkä ole vuosiin pitänyt siitä, että minua kuvataan. Ensin muut tekivät minusta näkymättömän, sen jälkeen tein saman itse itselleni ja ymmärsin, että piilotin itseni.

Huomasin tällä olevan yhteys siihen, että en uskalla tehdä päätöksiä, joiden vuoksi tulisin enemmän näkyville. Halusin kyllä, mutta osasin aina puhua itseni ympäri. Kyseessä oli näkyväksi tulemisen pelko.

Aloin miettiä lapsuuttani ja että onko siellä jotakin, minkä vuoksi koin näkyväksi tulemisen epämiellyttävänä.

Olen kokenut koulukiusaamista yläasteella. Yritin olla vahva ja näyttää ettei minuun pystytä vaikuttamaan, mutta tosiasiassa asiat vaikuttivat paljon. Olisin niin monet kerrat halunnut olla näkymätön, huomaamaton silloin, kun joku muu teki tarkoituksella minusta näkyvän.

En tiedä olisinko tullut niin nähdyksi, jos isoveljeni ei olisi seurustellut sillä hetkellä tytön kanssa, jota pidettiin kylän kauniimpana ja muullakin tapaa erityisenä tyttönä. Ja koska veljeni oli saanut tämän tytön itselleen, niin se kaiveli kylän muita poikia aika paljon.

Heti ensimmäisenä koulupäivänä yläasteella osattiin yhdistää minut veljeeni ja aloin saamaan huomiota, jota en olisi halunnut saada. Erityisesti yksi luokkakaveri, poika, alkoi kaikkeen kiinnittämään huomiota minussa. Näin esimerkkinä aloin yhdessä vaiheessa käyttämään bootseja ja jostain kumman syystä tämä poika halusi koko ajan tuoda nämä kenkäni esille suureen ääneen koko luokalle ja välillä huudellen asiasta koulun käytävillä.

Myöhemmin osasin yhdistää, että entinen mieheni käyttäytyi samalla tavalla vinoillen asioista ja yli tuoden asioita esille, jotta lopulta muutin jotain itsestäni tai en jotain enää käyttänyt. Ikään kuin minua väsytettiin niin pitkään, kunnes luovutin.

Samalla tavalla tein bootsien kohdalla. Lopulta luovutin niiden käytön suhteen, vaikka itse pidin niistä kengistä.

Niin monet kerrat toivoin, että tämä luokkakaverini jättäisi minut rauhaan, koska en halunnut mitään noin julkista huomiota itseeni. En todellakaan pitänyt siitä.

Eniten minua häiritsi ja ahdisti se, kun hän huuteli pitkällä koulun käytävällä perääni keksimällään lempinimellään minulle ja samalla rummuttaen tahtia. Tuntui kilometrien pituiselle tuo käytävä ja jos oli vain mahdollista, niin välttelin siitä kulkua.

Joku voi ehkä ajatella näistä minun koulukiusaamisen kokemuksista, että onpa hyvin pientä ollut. Mutta kyse on aina siitä, miten joku on jonkin asian kokenut. Itselleni nuo kokemukset ovat olleet aivan kauheita, koska olisin halunnut olla vain rauhassa enkä todellakaan kaivannut huomiota. En siis halunnut tulla nähdyksi tuossa määrin.

Tämän nähdyksi tulemisen voi myös kääntää toisin päin. Traumojeni kohdalla taas koin lapsena, että minun ei anneta tulla näkyväksi silloin kun taas halusin näkyä ja tulla kuulluksi, kun minua kohtaan oli toimittu väärin. Eli kummallakin tavalla näkyminen oli vaikuttanut minuun ja näin uskomus juurtui. Sitä vahvisti omalla käyttäytymisellään entinen mieheni.

Monesti eri tilanteessa, kun kaveriporukassa tuli hiljainen hetki, entinen mieheni katsoessaan minua muisti jonkun asian minusta, minkä lähti kertomaan isompanakin vitsinä. Koin, että hän häpäisi minut, oman puolisonsa kaikkien edessä. Opin tästä, että heti kun tuntuu tällainen tilanne tulevan, yritän hävitä paikalta ja piiloutua vaikka vessaan, kunnes tilanne muuttuu.

Sitä ei monikaan ajattele, miten mitättömiltä toisista tuntuvat asiat voivat jättää jälkeensä. Sanat todellakin satuttavat pahemmin, ne viiltävät syvältä, jättäen jälkeensä arpia myös sisällemme. Siksi uskomuksien läpi käynti voi tuntua uudelta viillolta sisällämme. Eheytyäksemme nämä tunteet pitää käydä läpi. On ymmärrettävä mistä ne ovat tulleet. Sitten purkaa pois kaikki se, minkä ne ovat jättäneet jälkeensä ja sulkea haavansa Rakkaudella, anteeksiannolla sekä olemalla kiitollinen, että olet pystynyt kohtaamaan syvimmät haavasi. Nyt voit aloittaa parantumaan. Olen käynyt monia uskomuksia läpi. Kun aloin nähdä ja ymmärtää, että mitä ovat uskomukset sekä tarinat, niin olen toisaalta ihan mielenkiinnolla välillä käynyt asioita läpi. Miettiessäni omia käyttäytymisiä tietyissä tilanteissa, tunnetilojani, ajattelumallejani ja miten tietyt asiat ovat toistuneet, niin välillä ei voi olla ihmettelemättä, miten paljon uskomukset ovat vaikuttaneet.

Välillä olen ajatellut toisin päin eli jos lapsuuden kodissani olisi oltu kannustavampia ja rohkaistu kokeilemaan uusia asioita, kuten vaikkapa tyttönä poikien juttuja sekä näkemään asioita monella eri tapaa, niin millainen persoona sitä olisi tänä päivänä? Olisinko jo nähnyt heti alkuun varoitusmerkit entisen mieheni kohdalla tai olisinko lähtenyt opiskelemaan jotain muuta muualle päin Suomea.

Tällä näkökulmalla osaa hahmottaa uskomuksien merkitystä. Näillä voi olla hyvinkin isoja vaikutuksia elämäämme. Tässä kohtaa ei vain pidä alkaa jossitella liikaa tai alkaa katkeroitumaan, koska emme pysty muuttamaan mennyttä mihinkään.

121

Kun opit ymmärtämään uskomuksien ja tarinoiden voiman ja vaikutuksen, haluat varmasti lähteä muuttamaan niitä. Ainakin, jos et ole enää tekemisissä henkilöiden kanssa, jotka ovat luoneet uskomuksesi, niin miksi ihmeessä enää elät heidän uskomuksien mukaan? Sinä itse jatkat sen saman tarinan kertomista. Pidät yllä edelleen, miten jonkun toisen mielestä asioiden pitäisi olla. Ehkä olisi aika tehdä muutos?

Etsi oma totuutesi ja ala elämään sen mukaan. Sinä olet totuutesi.

Uusille uskomuksille tekemällä tilaa ja kertomalla aina uudestaan näitä itselleen, minä olen pystynyt vahvistamaan niitä. Uskon muutokseen. Minä uskon itseeni.

Nämä menevät meidän alitajuntaan ja toimimme helposti tiedostamattomasti uskomuksiemme mukaan. Siksi on mentävä ihan sinne ytimeen asti, jotta voimme muuttaa uskomusta sellaiseksi, mikä palvelee meitä paremmin.

Kaikki punoutuu yhteen. Jotta voimme luoda uuden minäkuvan on päästettävä irti menneestä, on annettava Rakkaudelle tilaa, on osattava olla kiitollinen kaikesta, opittava taas luottamaan, ymmärtää vapauden ja hyväksynnän merkitys. Näiden lisäksi on osattava antaa anteeksi, oppia näkemään runsautta, arvostaa asioita, oppia kiinnittämään huomiota tunnetilaasi, nähdä naisellisuutesi tai miehisyys, löytää rauha sisältään, ymmärtää henkisyyden vaikutus ja lopulta kasvaa uudeksi minäksi.

Tie voi tuntua pitkälle, mutta luota ja usko itseesi. Pystyt mihin vain, kun avaudut ottamaan muutoksen vastaan. Rakkauden voima auttaa viemään sinua eteenpäin.

Kun pöytä on tyhjä ja olet valmis muutokseen, seuraavaksi on tarinan aika. Luodakseen uuden tarinan itsestään, on ensin tarkasteltava, kuka minä olen. Millainen on luonteesi ja persoonasi? Mitä haluat elämältäsi tai elätkö sellaista elämää, minkä haluat? Onko sinulla haaveita, unelmia tai tavoitteita mitä haluat saavuttaa?

Kirjoita tarinasi ylös. Tee siitä mahdollisimman tarkka. Lisää mukaan tunnetilasi, miltä tuntuu elää tätä tarinaa. Tee siitä omasi näköinen. Ei ole oikeaa tai väärää tapaa. Tärkeintä on, että aloitat. Eikä tämän tarvitse olla lopullinen tarinasi, koska kehitymme kokoajan, jos vain haluamme kehittyä. Ihminen on oppivainen, jos hän haluaa oppia.

Tähän et tarvitse rakettitiedettä, tarkkoja laskukaavoja tai tieteellisiä tutkimuksia. Vain aikaa itsetutkiskelulle, kynän ja paperia tai mihin nyt haluatkaan kirjoittaa tarinasi.

Yleensä hankalin vaihe on aloittaminen. Voit aloittaa yksittäisillä sanoilla, adjektiiveillä. Voit miettiä, mikä kuvaa sinua parhaiten tai kenties oletko kuullut jonkun sanovan sinua jonkinlaiseksi, mikä tuntuu hyvälle ja oikealle. Jos ei heti avaudu, aina voit jättää johonkin sopivaan paikkaan paperin ja kirjoittaa aina, kun mieleesi tulee sinua kuvaavia sanoja. Sanoista voit sitten aloittaa muokata tarinaa.

Itsestä on ollut ihana huomata, kuinka moni uskomus on siirtynyt ö-mappiin ja elän uusien uskomuksieni kanssa. Tämä tunne on hyvin vapauttava. Vaikka aiemmin olen katsonut pihallamme ympärilleni, niin nyt kaikki näyttää jotenkin erilaiselle ja tuntuu että kaikki näkyy paremmin ja selkeämmin. Ikään kuin joku olisi piirtänyt ääriviivat kaikkeen uudelleen.

Olotila on välillä sellainen, ettei oikein edes malttaisi odottaa, mitä seuraavaksi tapahtuu. Perhosia liikkuu vatsassa useammin, kuin jotain ihanan jännittävää olisi tulossa. Hymyilen enemmän ja luotan elämään.

Uskomuksissa ja tarinoissa on voimaa. Siksi ne on hyvä saada sellaisiksi, että ne palvelevat meitä. Sinun on tultava näkyväksi, jotta voit loistaa kirkkaammin ja näin unelmasikin voivat löytää perille.

On sinun totuutesi aika. On aika kirjoittaa sinun tarinasi.

Luku 10

Anteeksianto

Anteeksianto

Meillä jokaisella on sielu.

Emme ehkä ajattele juurikaan tätä, mutta siellä se on ja tämä tekee meistä sen kuka olemme. Sielumme voi olla uusi, kokematon. Se voi olla myös kokenut vähemmän tai enemmän. Toisilla tämä on hyvin vanha, elänyt monta elämää ja nähnyt niin paljon.

Sielumme voi kantaa mukanaan taakkoja, oppeja ja monia kokemuksia. Sielumme on ehkä ottanut siipeensä ja saanut syviäkin haavoja.

Itse ajattelen, että kokemamme traumat syvimmillään menevät sieluumme asti. Ja sielu on suuri osa meitä, se on se meidän ydin. Jos tämä ydin saa elämältä iskuja, se heikkenee eikä jaksa loistaa enää samalla tavalla.

Meidän pitää tällöin osata lähteä tekemään sielustamme taas ehjä. Yhdellä asialla on omien kokemuksieni mukaan iso vaikutus, ehkä isoin kaikesta. Se on anteeksianto. Kun annamme anteeksi, voi sielumme lähteä parantumaan ja eheytymään. Anteeksiannon voima vapauttaa meidät menneisyydeltämme, kokemuksilta ja syviltä haavoilta. Meidän ei tarvitse viedä tulevaisuuteemme mitään menneisyydestä, minkä haluamme jättää taaksemme.

Yhdessä Rakkauden kanssa saavat isoimmatkin sielumme haavat parantua, kun opimme anteeksiannon merkityksen. Sinä et anna anteeksi siksi, että unohtaisit, sinä annat anteeksi, koska sinä haluat parantua ja alkaa taas elämään sekä kävellä menneisyyden varjoista valoon.

Ensin sinun on kohdattava menneisyytesi haamut. Ne mitkä ovat rikkoneet sieluasi ja tehneet sinusta siipirikon. Sinun on nähtävä, missä sinulla on anteeksiannettavaa.

Samalla päästät irti kahleistasi. Et enää ole se sama ihminen, joka olit. Olet vihdoin ehjä ja voit hengittää vapaasti sekä nähdä kaiken elämän kauneuden ympärilläsi. Sinä olet vihdoinkin sinä.

Liian moni kantaa sisällään taakkoja. Ne rasittavat ja painavat sielussamme. Se on kuin pimeys, joka syö sisäistä valoasi ja hehkuasi. Yrität elää, mutta pimeys voi olla liian vahva. Tämän takia niin moni sielu sammuu.

Jokainen sielu on kuitenkin pelastamisen arvoinen. Sinäkin olet sen arvoinen. Niin pitkään kuin jaksat uskoa ja luottaa itseesi, voit löytää pelastuksen. Ottamalla Rakkauden vastaan otat askeleen kohti valoa.

Anna Rakkauden kasvaa sisälläsi. Anna sen näkyä ulospäin. Tee sille tilaa sydämeesi. Kun olet tarpeeksi vahva Rakkauden voimassasi, pystyt seuraavaksi käsitellä kokemuksiasi, päästää niistä irti ja lopuksi, antaa anteeksi.

Älä kasvata enää pimeyttä sisälläsi, vaan ala ottamaan valoa vastaan enemmän. Et ehkä heti voi tehdä isoja muutoksia. Pääasia on, että aloitat. Jokainen uusi aamu on mahdollisuus. Jokainen aamu vie sinua eteenpäin askel kerrallaan. Rakastu joka päivä aina syvemmin ja syvemmin. Sinä olet ansainnut Rakkauden elämääsi.

Minulle suurin ja viimeinen sieluni parantamisen hetki on tämän kirjan kirjoitus. Kirjoitan oman totuuteni. Olen käynyt pitkän tien, olen oppinut ymmärtämään niin paljon, joten haluan auttaa muitakin näkemään sen, minkä minä nyt näen ja kasvamaan omaan loistoonsa. Jokainen ansaitsee mahdollisuuden. Minäkin.

Voin jättää viimeisetkin elämäni kokemukset, traumat ja tarinat, jotka eivät ole enää osa minua, taakseni. Olen antanut kaikki anteeksi ja nyt voin jatkaa kohti tulevaisuutta – kohti unelmiani. Minä elän.

Tie ei ole ollut helppo ja se on ollut todella pitkä sekä opettavainen. Kaikella on ollut tarkoituksensa, aikansa ja paikkansa. Kaikki on tapahtunut minun parhaaksi. Minun on pitänyt kokea se kaikki, jotta voin jakaa muille sen tiedon, että älä luovuta. Vielä on aikaa muutokselle. Sinun pitää vain aloittaa.

Jos sinusta tuntuu vaikealle kohdata asioita, ota vielä aikaa ja jätä asia hautumaan. Sisäinen äänesi kertoo, kun on sopiva hetki aloittaa ja lähteä käsittelemään haavasi. Voit puhua itsellesi ensin, kirjoittaa tunteesi sanoiksi tai äänittää puhettasi. Ensin saatat kokea vihaa, pelkoa, pettymystä ehkä jopa raivoa. Jos koet, että sinun pitää huutaa, niin huuda pois kaikki paha sisältäsi. Ehkä kaikki kasaamasi on odottanut tätä, että huudat tuskasi ulos.

Tein tätä paljon nuorempana lapsuuden kodissani asuessa. Kun jokin asia tuntui suurelta möykyltä rinnassani, niin menin joko metsään tai navetalle lehmien luo ja aloin huutaa. Huusin välillä kirosanojen kanssa tai ihan vaan muuten. Niin kauan huusin, kunnes en enää jaksanut ja lyyhistyin maahan. Yleensä tuntui jalatkin menevän veltoiksi tästä vapauttavasta tunteesta.

Tämän jälkeen oloni oli paljon parempi eikä enää möykkyä tuntunut sisälläni. Tuolloin en vain osannut purkaa asioita kuin vain pintapuolisesti, ikään kuin hoidin oireet pois, mutta itse ongelma ei ratkennut. Mutta jostain on hyvä aloittaa, sitten voit jatkaa eteenpäin pahimman olosi helpottuessa. Voit ehkä uskaltaa katsoa haavojesi taakse, mitä siellä oikeastaan on.

Olen käyttänyt masennuslääkkeitä ja käynyt terapiassa. Nämä ovat kyllä auttaneet oireiden kohdalla. Helpottaneet niitä, mutta ne eivät ole eheyttäneet ja parantaneet sieluani. Jotta todella voimme parantua menneisyyden haavoilta, on korjattava ydinsyy.

Itse olen huomannut, ettei se syy olekaan ainoastaan vain se, minkä olen ajatellut syyksi. Taustalla voi olla paljon enemmän ja se voi koostua monesta asiasta.

Niin kuin olen tähän mennessä tuonut ilmi, kun olen kertonut omia kokemuksiani ja niistä tehtyjä huomioita, että ei ole vain yksi asia tai syy kokemuksieni taustalla, vaan moni asia liittyy lopulta toisiinsa. Se on ollut kuin monien lankojen sekasotku. Kaikki langat ovat kietoutuneet yhteen ja moni on tiukalla solmulla. Välillä etsiessä langanpäitä ja selvittäessä vyyhtiä, tulee tehtyä uusia solmuja. Tämäkin kuuluu asiaan, koska meidän pitää kokeilla, mikä toimii ja mikä ei. Näin voimme löytää oikean tien ja olla taas lähempänä ulospääsyä.

Kun alat olla enempi selvillä vesillä ja langat eivät enää mene solmuun vaan solmut aukeavat melkein itsestään, tiedät olevasi melkein perillä. Se on iso helpotus. Näet lopulta eri langat omissa kasoissaan ja voit nyt tehdä niistä tiiviit lankarullat ja siirtää ne sivuun.

Voit olla kiitollinen tekemästäsi työstä ja ylpeä saavutuksestasi. Voit taas hengittää.

En olisi eroni jälkeen moneen vuoteen uskonut koskaan voivani antaa anteeksi entiselle miehelleni. Se ihminen silloin oli liian haavoilla eikä ymmärtänyt miten kaikki asiat olivat kietoutuneet toisiinsa. Näin silloin kaiken mustavalkoisena.

Olisin varmaankin tuossa aikaisemmassa mielentilassani suuttunut suorastaan itselleni, että miksi ihmeessä menet nyt antamaan anteeksi. Enkö muista sitä kaikkea, minkä tämä mies teki minulle ja millaiset vaikutukset näillä teoilla on ollut?

Sanotaan, että aika parantaa haavat. Tämä on osittain totta. Aika saa asiat haalistumaan, mutta mitään syvälle jäänyttä se ei saa muuttumaan tai että se parantuisi. Asiat on pystyttävä kohtamaan ja käymään läpi, muuten joku tilanne voi nostaa kaiken taas pintaan ja toimit sen mukaisesti.

Anteeksianto on vapauttava voima. Kaikki se, mikä on sinua aiemmin määritellyt, pystyt vapauttamaan lopullisesti antamalla anteeksi. Meidän ei kuulu kantaa sisällämme tuskaa loputtomasti. Se alkaa muuten syödä sinua kuin syöpäkasvain.

Itse olen antanut anteeksi tälle miehelle, joka traumani aiheutti. Olen antanut anteeksi entiselle miehelle, joka vahvisti lapsuuteni uskomuksia ja luoden uusia tarinoita minusta. Olen antanut anteeksi minua kiusanneille. Olen antanut jokaiselle anteeksi, joka käyttänyt sanoja minua vastaan tai muulla tavalla aiheuttanut pahaa. Kaikki on anteeksi annettu.

Minulla on nyt kaikki hyvin. Tunnen rauhallisuutta sisälläni. Katsoessani ikkunasta ulos, mietin miten kaunis elämä voikaan olla.

Sieluni lepää nyt ihan eri tavalla. Sillä on rauha eikä pimeys enää syö sitä.

Ehkä sinäkin voit antaa jonakin päivänä anteeksi ja antaa sielusi eheytyä sekä parantua. Ja muista, sinun ei tarvitse kohdata kirjaimellisesti ketään niistä, jotka ovat haavojesi takana, vaan voit antaa anteeksi siellä, missä koet olevasi turvassa ja sinulla on hyvä olla. Se voi olla kotisi tai luonnossa jokin paikka, joka on sinulle tärkeä. Mene sinne missä on hyvä olla ja laita kätesi sydämesi päälle, laita silmäsi kiinni ja hengitä. Minä annan anteeksi.

Ensi sijaisesti teet tämän itsellesi, mutta vaikutukset näkyvät myös läheisissäsi. Et vie taakkojasi eteenpäin lapsillesi, et kerro enää tarinoita pahoista kokemuksista, vaan kuinka niiden yli olet päässyt, kuinka kohtasit ne ja kuinka olet löytänyt elämäsi valon taas. Annat uskoa jälkipolvillesi, että aina voi nousta uudelleen ja vahvempana.

Et ole uskomuksien ja tarinoidesi vanki. Kaunis sielusi saa olla vapaa.

Luku 11

Arvostus

Arvostus

Jokainen meistä on ansainnut arvostuksen.

Oletko koskaan ajatellut, että kenelle tuotat arvoa? Parhaiten ehkä tämä on saattanut tulla esille työpaikoilla eli sinä tuotat arvoa työnantajallesi, joka maksaa tuottamastasi arvosta yritykselle vastikkeena palkkaa.
Miten muuten sitten näkyy tuottamasi arvo? Sinä tuotat tekemilläsi valinnoilla ja päätöksillä arvoa itsellesi, muille ja päämäärällesi kuten unelmillesi.
Arvotus taas näkyy hieman eri tavalla. Miten tekemääsi työtä arvostetaan, kuinka arvostat itseäsi tai muita. Tai kenties miten arvostat elämässäsi rahaa.
Voimme tarkastella monin eri tavoin arvostusta ja sen vaikutuksia eri osa-alueilla elämässämme. Tällä on iso rooli ja se vaikuttaa siihen, mitä vedämme puoleemme. Jos et arvosta itseäsi, niin kuinka voisit saada arvostusta muiltakaan. Sinun on opittava oma arvosi.
Itse pyrin muistamaan saamani opin jo vuosia sitten hoitoapulaisena ollessani. *Kohtele muita, niin kuin haluaisit itseäsi kohdeltavan.* Tämä aukeni enempi minulle mielentyöni matkalla.

Opin ymmärtämään tätä paljon syvemmin ja mitä tämä todellakin tarkoittaa.

Me olemme kaikki arvokkaita ja sen mukaisesti meidän pitäisi kohdella itsemme lisäksi muita. Jos et kohtele muita kunnioituksella ja arvokkuudella, voitko odottaa mitään enempää tapahtuvan sinun kohdallasi. Kaikella on merkitystä ja kaikki lähtee sinusta itsestäsi. Sinä heijastat eteenpäin sitä, mitä tunnet sisälläsi ja millainen on minäkuvasi.

Jos tahdot hyvää elämässäsi, laita hyvää eteenpäin. Jos tahdot positiivista energiaa itsellesi, jaa sitä ympärillesi. Tai jos tahdot rahaa enemmän, ole valmis maksamaan siitä työstä, palveluksesta tai tavarasta sen mukainen hinta. Älä alenna muiden tekemää arvoa, koska alennat itseltäsi arvoa, tässä tapauksessa kukkarosi sisältöä.

Kaikki kietoutuu yhteen. Kaikella on merkitystä. Voisi sanoa, että kyseessä on perhosefekti. Mitä laitat liikkeelle, se kasvaa kasvamistaan. Mieti siis, mitä haluat laittaa liikkeelle.

Jos haluat saada enempi arvostusta, opettele sitä myös antamaan eteenpäin. Jostain kumman syystä tämä on meille hyvin vaikeaa. Suomalaiset ovat hyvin kateellista kansaa ja meillä on jopa paha tapa toivoa välillä toiselle pahaa tai epäonnea.

Mietitäänpä hetki, miten siinä voi käydä itselle. Kuinka paljon uskot saavasi arvostusta takaisin päin tai kuinka paljon vedät sitä puoleesi, jos alat puhua toisesta pahaa? Kasvattaako se todellista arvostusta? Ei. Ehkä hetken ajan olet joidenkin mielestä 'hyvä tyyppi'. Jos olet varsinkin julkisesti arvostellut muita ihmisiä. Tämä hyvä tyyppi hetkesi kestää vain sen tähdenlennon ajan. Sitten taas tilanne on sama.

Jos haluamme pysyviä muutoksia elämäämme, on uskallettava tehdä todellisia muutoksia. Monesti juuri tällaisten negatiivisten ihmisten taustalla on paljon uskomuksia ja tarinoita, joiden takia he ovat ajautuneet näkemään asiat väärissä valoissa. Koska he voivat itse huonosti, on ikään kuin helpottavaa purkaa oloaan muille laittamalla huonoa energiaa eteenpäin. Osa jopa oppinut nauttimaan pahan puhumisesta ymmärtämättä, että hän kasvattaa vain omaan elämäänsä kaikkea vastoinkäymistä tai mikään ei oikein etene kunnolla tai tuntee kokoajan vastustusta. Hän ei osaa nähdä elämän kauneutta, vain rumuuden.

On helppoa pitää kiinni niistä, mihin olemme tottuneet. Saatetaan tuntea eräänlaista voimaantumista näistä ajattelutavoista. Mutta jos yrität pienentää ja alistaa toisia, itseasiassa pienennät itseäsi ja alistat edelleen itsesi elämään hyvin pienesti.

Arvostuksen puute luo esteitä runsaudelle. Tätä ehkä emme osaa yhdistää, että jos emme osaa arvostaa kaikkea sitä mitä meillä on, luomme esteitä runsaudelle.

Arvostusta voisi ajatella myös näin, että kuinka arvostaa omaa terveyttään? Tai sitä, kuinka olet saanut paljon asioita itsellesi, kun olet saanut olla töissä yrityksessä, josta et pidä? Osaatko arvostaa, että sinulla on ihania ihmisiä ympärilläsi, jotka ovat auttaneet sinua niin monella tapaa? Koska mikään ei ole itsestään selvää ja jos et osaa arvostaa mitä sinulla on, voit sen hyvinkin menettää.

Opi arvostamaan ja opettele myös sanomaan, jos arvostat jotakin. Laitat näin viestiä korkeimmille voimille, että osaat antaa arvostusta ja näin ollen pystyt ottamaan vastaan runsautta. Arvostus luo runsautta.

Jo aiemmin mainitsin siitä, kuinka pula-ajan ihmiset arvostivat todella paljon sitä, mitä he omistivat. Kaikesta pidettiin hyvää huolta ja mitään ei heitetty pois. Osattiin myös kierrättää tavaroita tavalla tai toisella eteenpäin.

Tänä päivänä tavaraa saa niin helposti ostettua. On kiinalaista halpa tavaraa monessakin kaupassa myynnissä. Voit tilata netin välityksellä, vaikka mistä tavaraa. Kaikki on tehty todella helpoksi. Koska on niin helppoa tilata ja ostaa, niin tavara menettää todellisen arvostuksensa.

Ja varsinkin, jos tavaraa heitetään menemään heti uuden ostamisen jälkeen eikä edes koeteta myydä eteenpäin, saati että antaisi, vaan viedään suoraan roskiin. Jos entinen tavara on vielä käyttökelpoinen, niin laita se enemmin eteenpäin kuin että heittäisit sen vain pois. Välillä näkee, vaikka kuinka paljon hyvää tavaraa roskiksien luona.

Joskus olen käynyt hakemassa selkeästi rikkaamman puoleisen henkilön luota tavaraa, minkä hän on laittanut annettavaksi. Käytös on ollut sellaista, että silmiin ei ole voitu katsoa, tullut tunne, kuin olisin keppikerjäläinen, josta pitää päästä eroon heti, ettei vaan kukaan naapuri näe.

Tuolloin on vähän tuntunut sille, että ei arvosteta sitä tavaraa eikä ihmisiä, jotka haluavat antaa vielä arvostusta hänen jakamilleen tavaroille.

Olen monesti miettinyt, että vaikka olisin miljonääri, niin silti en ostelisi tavaraa vain sen takia, että voin näin tehdä. Toki laatuun panostaisi, mutta silti ostaisin vain silloin, kun jostakin on todella tarve. Ja varmaan kiertelisin vielä enempi kirppareita ja muita käytetyn tavaran paikkoja. Tai edelleen korjailisin tavaroita. Ja miksi näin? Koska osaan arvostaa sitä, että raha ei ole itsestään selvyys ja arvostan rahaa sekä sitä, mitä minulla on.

Olen kiittänyt niin monta kertaa, että olen saanut kulkea tämän polkuni. En olisi voinut mitenkään muuten oppia niin paljon, jos kaikki olisi tuotu eteeni kuin hopealautasella.

Jos ihmiset voisivat alkaa arvostamaan asioita ja muita ihmisiä, heidän elämänsä muuttuisi niin paljon parempaan suuntaan.

Olen mielentyöni kautta alkanut miettimään, mikä siinä on, että suuri osa ihmisistä nauttii tällaisesta toisten ihmisten alentamisesta. Ei osata antaa arvoa eikä arvosteta toisten tekemää työtä. Itsekin olen sortunut näin ajattelemaan aikaisemmin.

Toisaalta tällainen käytös juontaa juurensa kateuteen tai koetaan tämän olevan meiltä itseltämme pois. Tai harmittaa, kun ei itse keksinyt yhtä hyvää ideaa, millä toinen nyt tienaa.

Käytös on ollut myös eräänlaista puolustautumista. On helpompi hyökätä kuin lähteä rauhan tielle. Olemme kuin nurkkaan ahdistettu eläin, joka yrittää taistella kaikin tavoin vastaan. Emme uskalla antautua näkemään muuta tai emme näe minkäänlaista ulospääsyä.

Se ei ehkä ole helppoa lähteä arvostamaan toisen menestymistä, jos itsellä asiat eivät ole hyvin. Tässäkin tapauksessa on hyvä katsoa sisälleen, mikä näiden tunteiden taustalla on.

Kun itse taistelin omien talousongelmien kanssa, niin kyllä oli vaikeaa ymmärtää, jos jollakin toisella meni hyvin tai joku jossakin asiassa onnistui. Ei ollut helppoa olla onnellinen toisen puolesta eikä voinut kuvitella, että arvostaisi tuota toisen onnistumista. Kyllä sitä enemmän mielessään mietti, miksi hän onnistui enkä minä. Enkö minä ole myös onnea ansainnut? Sinun on uskottava, että olet menestymisen arvoinen. Jokainen meistä on. Tässä maailmassa on ihan kaikilla tilaa loistaa ja saada haluansa. Mikään ei lopu kesken, mikään ei ole sinulta pois. On opittava arvostamaan muiden saavutuksia eikä olla niistä kateellinen. Se ei ole sinulta pois mitenkään, mutta jos alat olemaan kateellinen, niin sinä itse viet itsesi kauemmaksi unelmiltasi. Mieti, mitä heijastat eteenpäin.

Opettele ennemmin tuntemaan hyviä tunteita toisen menestymisestä. Alat tällöin itsekin vetämään puoleesi tätä. Ja sinun on vietävä nämä tunteet alitajuntaasi, jotta vahvistat kaikin tavoin tätä tunnetta. Jos epäilet yhtään, se alkaa kasvamaan ja viemään taas väärään suuntaan. Kaikki, minkä todella haluat muuttaa, on vietävä alitajuntaasi asti. Silloin alat toimia tiedostamattomasti juuri oikealla tavalla.

Tietenkin sinun on tarkasteltava, uskotko olevasi tämän menestymisen arvoinen tai herättääkö jopa menestymisen mahdollisuus eräänlaista pelkoa.

Itse huomasin, että menestyminen pelottaa. Entä jos minä onnistunkin? Mitäs sitten? Tuntuu ihan hullulle nyt ajatella noita tunteitaan, mutta nämä ovat ihan aitoja tunteita monellekin. Jokainen kyllä haluaisi menestyä, mutta menestys tuo sinut myös enempi näkyviin ja jos et uskalla olla näkyvillä, niin et voi koskaan menestyä. Niin yksinkertaista se on.

Sen takia meidän pitää työstää näitä asioita. On käsiteltävä, mitä taustalta löytyy. Samalla voi huomata, kuinka moni asia punoutuu yhteen.

Se minkä muun omalla kohdallani menestymisen pelko sai aikaiseksi oli, että tiedostamattomasti tein ratkaisuja, jotka vetivät minut alas takaisin, jos alkoi mennä liian hyvin. En kokenut olevani menestymisen arvoinen.

Jo aiemmin olen käsitellyt, miten alitajuntaan jääneet uskomukset ja tarinat elävät niin, että teemme tiedostamattomasti asioita. Tai että kuinka minua oli pienennetty ja annettu ymmärtää, että minun ei pidä tulla näkyväksi. Minä en ollut ikään kuin hyväksytty menestymään. En ollut riittävä.

Minä olen lapsena kokenut, että olen vain se pahnan pohjimmainen. Pieni tyttö, joka ei osaa tai tiedä mistään mitään ja minua vähäteltiin. Minua ei ole pidetty samanarvoisena. Aikuiseksi tullessani sama jatkui. Tyttönä en olisi saanut tehdä poikien juttuja, toki tein vähän salaa niitä. En kovin innokkaasti leikkinyt nukeilla, mutta tykkäsin leikkiä Karate Kidiä tai Ramboa kotimetsässä. Mopolla en saanut ajaa. Äiti teki tämän hyvin selväksi.

Minun olisi siis pitänyt olla hyvin tyttömäinen ja valitsin sen takia opiskelut artesaani-ompelijaksi enkä autokorjaajaksi, jota oikeasti todella halusin.

Voisi sanoa, ett minua on yritetty muokata tiettyyn rooliin, mutta en koskaan ole siihen täysin mennyt tai mahtunut. Olen laittanut vastaan, tosin en niin vahvasti, että olisin muuttanut elämäni polun suunnan.

Olin kuitenkin liian kiltti ja myönnyin kohtalooni. Sen takia löysin samanlaisen miehen elämääni, joka toisti näitä samoja kaavoja, joihin en kokenut kuuluvani.

En oppinut arvostamaan itseäni tai sitä mitä minä halusin. Yritin olla muille mieliksi, olla heidän mukainen. Siksi minua on kohdeltu vähätellen enkä ole kokenut arvostusta. Ymmärsin tämän kaiken paremmin, kun aloin tekemään mielentyötä.

Ei ole helppoa sanoa ei. On helpompi myöntyä ja mennä muiden mielen mukaan. Tämä voi johtua siitä, ettemme halua olla erimieltä, olla erilainen, alkaa väittelemään tai hankkia itselleen hankaluuksia. En tiedä onko tämä meidän yhteiskunta sellainen, että se hyssyttelee kaiken eikä anna todella tilaa erilaisuudelle.

Ollaksemme omassa voimassamme vahvoja, ei siis ylimielisen vahvoja, vaan niin, että arvostamme asioita, kuten itseämme.

Ja sen arvostuksen on lähdettävä todellakin ensin itseämme kohtaan. Sitten jos haluamme enemmän hyvää itsellemme, on aloitettava arvostamaan muita ja mitä heillä on. On uskallettava ajatella uudella tavalla. Ainoa, joka rajoittaa muutosta, olet sinä itse. Kun lähdet purkamaan arvostuksen merkitystä, tee se koko Rakkaudella. Ota Rakkaus mukaasi muutokseen ja tee se ensisijaisesti Rakkaudesta itseäsi kohtaan.

Sinun minäkuvasi ansaitsee sinun arvostuksesi. Kun lähdet muuttamaan minäkuvaasi, ota tämä asia huomioon. Olet sen ansainnut.

Saavuttaaksemme unelmamme tai vaikka enempi rahaa kukkaroomme, niin osaa arvostaa unelmiasi ja vaurautta.

Sen lisäksi, Rakasta sitä mitä teet.

Luku 12

Runsaus

Runsaus

Runsauden kaivo on ehtymätön.

Elämässä on kaikkea runsaasti ja me aina voimme itse luoda sitä lisää. Me vain olemme oppineet ajattelemaan niin, että kaikki loppuu ja jos et taistele sekä pidä puoliasi, menetät haluamasi. Näin minäkin ajattelin.

Äskeisessä luvussa puhuin arvostuksesta ja kuinka saatamme olla kateellisia, jos toisella menee hyvin. Koemme, että hän on vienyt sen mahdollisuuden sinulta tai miksi tuo toinen on ansainnut saada noin paljon, vaikka vaurautta. Ajattelemme, että tämä raha on sinulta pois.

Näin asia ei tietenkään ole. Kyllä sitä rahaa tässä maailmassa riittää, ei hätää. Toki raha ei ole ainoa, mistä voimme ajatella runsautena. Runsautta on itseasiassa joka puolella. Raha on vain monesti se asia, mikä sanasta runsaus tulee ensin mieleen.

Minulla ainakin on ollut paljon runsautta ympärilläni, kun lähdin kaappeja käymään läpi ja huomasin, että tavaraa on liikaa. Tai välillä on ihan riittävästi pyykkejä odottamassa pesua. Ja näin keväällä on ihan tarpeeseen asti haravoimista pihamaalla. Eli runsautta voi olla sellaisissa asioissa, mitä emme ajattele runsaudeksi.

Runsauden toinen puoli on puute. Koemme monesti puutetta jostain. Teemme puutelistoja ennen kuin lähdemme kauppaan. Ehkä tutumpi sana muille on ostoslista ja tämä toki ei saa samanlaista tunnetta aikaiseksi, kuin puute sana. Raha on ehkä se suurin puute, mitä moni kokee. Saatamme tarvita jotakin ja tämän saadaksemme meillä pitää olla rahaa. Itse olen tähän asiaan törmännyt liian monta kertaa. Lähden jotakin suunnittelemaan, että jospa esimerkiksi rakentelisin jotakin, niin huomaankin ettei ole tavaraa rakentelua varten eikä tietenkään juuri sillä hetkellä ole rahaa mennä ostelemaan puuttuvia tarvikkeita. Joten se siitä.

Toki joitakin asioita voi löytää ilmaiseksi, mutta se vie aikaa. Sen takia olenkin ottanut asenteen, että jos jonkin on tarkoitus mennä tietyllä tavalla tai jonkin pitää onnistua, niin silloin asiat menevät ja ratkeavat sen mukaan. Kaikella on aikansa, paikkansa ja tarkoituksensa. Sen takia en enää jää murehtimaan tai miettimään asioita. Enkä ainakaan voivottele ja surkuttele. En siis jää kokemaan puutetta.

Ei kannata tuhlata aikaansa ja jäädä kiinni johonkin. Jatketaan matkaa ja katsotaan mitä tapahtuu. Eikä se tee meistä liian huolettomia, osaamme vain ottaa rennosti ja nauttia elämästä. Turhia ryppyjä vaan saa naamallensa.

Sen takia itse laitan mielelläni tavaraa liikkeelle ja nykyisin haluan päästää irti monista turhista tavaroista nurkissani. Tavaraa kyllä tässä maailmassa riittää, se ei varmasti lopu kesken. Välillä tuntuu tavaraa olevan liiankin runsaasti, kun toiset hamstraavat kaikki varastot täyteen ja vähän muuallekin. Yritä siinä sitten löytää joku pikku juttu. Onnea vain etsintään.

Runsaasti on myös puhdasta ilmaa ympärillä sekä luonnon monimuotoisuutta. Välillä on runsaasti autohommia, kun autot alkavat vaatia vuorotellen huomiota. Eli pointti varmaan tuli selväksi, runsautta on monenlaista.

Tässäkin hyvä muistaa vetovoiman laki, että minkälaista runsautta alat vetämään puoleesi. Jos maalailet niin sanotusti piruja seinälle ja sanot, että kohta taas joku hajoaa tai jotain tapahtuu, mihin taas saa laittaa rahaa, niin varmasti vedät puoleesi rahareikiä ja ongelmia.

Ei pidä manailla. Pessimisti ei tietenkään pety ja liian optimisti ei pidä olla. Onhan näitä sanontoja, mitä monesti käytämme. Monikaan ei ajattele, että itseasiassa juuri näin vedämme puoleemme niitä asioita, mitä sanomme ääneen. Mieti siis mitä sanot.

Meidän pitäisi välillä ottaa mallia lapsista ja enemmän innostua asioista. Olla uteliaita eikä heti ajatella pahinta. Lapset eivät osaa ajatella, että mitä nyt tästä voisi tapahtua tai mitkä voisivat olla jälkiseuraamukset. Tässä kohtaa joku voisi sanoa, että uteliaisuus kissan tappoi. Ehkä nämä sanonnat voisi nyt jättää omaan arvoonsa.

Monia keksintöjä on kehitetty sattumalta tai kun on oltu uteliaita. On uskallettu kokeilla jotakin uutta tai kyseenalaistaa, voisiko jonkin asian tehdä eritavalla. Näin runsaus lisääntyy, kun uskallamme tulla sieltä laatikon sisältä ulos ja ajatella eri tavalla. Saatat kokea onnistumisia elämässäsi, kun lähdet kokeilemaan jotakin uutta. Runsautta voit lisätä niinkin, miten ajattelet itsestäsi. Haluat ehkä kokea elämässäsi enemmän, mutta annat uskomuksien jarruttaa sinua. Jos et anna minkään jarrutella tai estää sinua, voit päästä tuntemaan elämän runsautta.

Tässäkin asiassa vaikuttaa ne tarinat ja uskomukset siihen, miten näemme runsauden ja vaurauden. Jos haluat vaurautta, sinun pitää pystyä ottamaan sitä vastaan. Negatiiviset energiat runsauteen liittyen hylkii poispäin positiivista energiaa. Opettele tuntemaan elämän runsaus ja siitä lähtevät positiiviset energiat.

Liian moni murehtii jo etukäteen asioista. Käymme läpi erilaisia skenaarioita, mitä voisi tapahtua. Meistä saattaa tulla siksi ylivarovaisia emmekä uskalla oikein tämän takia elää.

Kun kasvamme henkisellä tasolla ja tietoisuutemme on noussut, niin olemme enempi luottavaisempia asioiden suhteen. Tällöin on myös helpompi vetää runsautta puoleensa.

Kaikella on merkitystä ja jokainen tuomani kohta lukujen suhteen vie meitä aina korkeammalle. Ei ole yksinkertaista kaavaa, jolla voisimme vain hypätä sille tasolle, minne haluamme päästä. Se vaatii pitkäjänteistä työtä ja että on todella valmis muuttumaan. Reilu vuosi sitten tuli itselle tunne, että nyt riittää. Iski voimalla, että nyt on aika lähteä nousemaan ja tekemään asioita. Sen jälkeen on tullut monessakin tilanteessa tuo tunne, nyt riittää. Siitä tiedän, että nyt on todellisen muutoksen aika alkanut. Oli aika laittaa kaikki samaan linjaan.

Niin kuin monesti olen sanonut, kaikella on aikansa, paikkansa ja tarkoituksensa. Aika näyttää, mikä tarkoitus oli sillä, että juuri nyt kirjoitan tämän kirjan enkä pari vuotta sitten. Katsotaan millaista runsautta tämä tuo elämääni. Ehkä alan kirjoittamaan enemmänkin kirjoja? Ainakin ajatus kalenterin teosta tähän kirjaan liittyen on alkanut kutkuttelemaan aivonystyröitäni.

Itsellä on aina ollut hyvin vilkas mielikuvitus. Sekin on eräänlaista runsautta. Mielikuvituksen avulla pystyy paremmin visualisoimaan asioita ja voi nähdä tilanteet eri suunnista helpommin. Ehkä elämän ihmeellisyydenkin näkee paremmin, kun osaa nähdä kauneutta siellä, missä joku toinen näkee rumuutta. Metsänkin näkee puilta paremmin, kun omaa hyvän mielikuvituksen.

Lapset tuovat elämäämme hyvin paljon runsautta. Vielä aikuisinakin he opettavat uusia asioita ja saa pysymään ajan hermoilla. Nuorison uudistaessa pelitietokoneitaan paremmaksi saa samalla mammakin omaan koneeseen uusia osia.

Kohta voisi vaikka itsekin pelata joitakin pelejä sillä. Tämäkin on eräänlaista runsautta.

Kirpputoreilla on myös todella runsaasti kaikenlaista tavaraa. Joinakin kesinä saamme enemmän aurinkoa tai ihan tarpeeseen asti vettä. Talvella saattaa olla, että suorastaan hukkuu lumen runsauteen. Kaikki on suhteellista ja riippuen siitä, miten haluamme ajatella tai miten haluamme katsoa asiaa, niin sen mukaan näemme runsautta elämässämme.

Koskaan ei voi siis tietää, minkälaista runsautta on seuraavan oven takana tulossa. Silti ei pidä pelätä sen oven avaamista, vaan rohkeasti ottaa vastaan kaikki se mikä annetaan.

Se millä mielellä lähdet ajattelemaan asioita, vaikuttaa lopputulokseen. Lähdetäänpä esimerkiksi miettimään unelmakarttaa. Jos sitä tehdessä jo mietit, miten on mahdollista näiden unelmien toteutua, onkohan tässä mitään järkeä tai murehdit, kuinka unelman tullessa mahdolliseksi voit itseasiassa lähteä viemään sitä maaliin. Saatat miettiä, millaiset merkitykset tällä on muihin ihmisiin tai asioihin.

Siinä vaiheessa, kun alat miettiä liikaa, peli on jo menetetty. Sinun ei tarvitse miettiä, miten mikäkin tapahtuu tai yleensäkin, mitä jos. Ei laiteta heti huonoja energioita unelmakartalle tai luoda tilaa puuteajatukselle. Ne eivät sinne kuulu. Sinne kuuluu runsaus ja yltäkylläisyys. Kaikkea on runsaasti, sinullekin.

Ole intohimoinen, tunne kuinka nautit runsauden paljoudesta. Rakasta runsautta kuin se olisi sinun salainen rakastaja. Hyppää runsauden Rakkauden vietäväksi ja nauti kyydistä.

Usko, että vauraus tulee luoksesi silloin, kun sen pitääkin tulla.

Kutsu runsautta elämääsi.

Luku 13

Rauha

Rauha

Sisäinen rauha näkyy ulospäin.

Meistä näkyy, kun olemme asioiden kanssa sinut ja meillä on hyvä olla. Olemme paljon rauhallisempi ja otamme asiat paljon leppoisammin. Emme hötkyile, murehdi, pidä kiirettä yllä eikä olla loppuun palamassa. Itse näen rauha sanan yhteydessä sen valkoisen kyyhkysen, joka symboloi rauhaa. Tämä tarkoittaa itselle sisäistä rauhaa ja hyvää oloa. Kaikki on hyvin.

Kun olemme päässeet tänne asti, käyneet monia asioita läpi, niin voimme alkaa hengittämään vapaammin. On helppoa tuntea rauhan laskeutuvan sisälleen ja on mukava pysähtyä näkemään elämän kauneus.

Ei enää tarvitse miettiä syvällisemmin asioita, olla stressaantunut tai pelätä kaikkea. Sisäinen rauhan tunteesi rauhoittaa myös hermostoasi. Saatat nukkua paremmin ja maistaa maut uudella tavalla. Värit tuntuvat palaavan takaisin elämääsi ja kiinnität huomiota enempi ympäristöösi. Ehkä haluat alkaa tekemään asioita tai aloittaa uuden harrastuksen. Rauhallisessa tilassa näkee asiat eri tavalla ja näkee eri mahdollisuudet.

Meidän pitäisikin tehdä isoimmat päätökset rauhantilassa. Silloin pystymme ottaa paremmin huomioon kaiken tarvittavan, eikä kiire tai pakko määrittele päätöksemme tekoa.

Jos koemme, sisällämme myrskyisiä tunteita, ei silloin pysty näkemään kaikkea sellaisena kuin ne todella ovat. Voimme tällöin tehdä huonoja ratkaisuja ja mennä jopa enempi ojasta allikkoon.

On siis huomattavasti parempi tehdä asioita silloin, kun sisällämme, on rauhan tila. Tunne on kuin tyyni aurinkoinen keli. Eteesi tuntuu helpommin tulevan vastaukset ja kaikki sujuvat todella hyvin. Pystyt keskittymään paremmin. Elämä on niin erilaista, kun koemme rauhaa sisällämme.

Nuorempana liikuin lähimetsässä kesäaikaan hyvinkin paljon. Oli aina niin rauhoittavaa katsella luontoa ja jäädä välillä paikoilleen katselemaan taivasta tai katsoa hyvin kauas, maisemia ihailen. Olotila aina rauhoittui ja oli niin hyvä olla. Pystyin jäädä pitkäksikin aikaa siihen hetkeen.

Tapanani oli katsoa ikään kuin syvemmälle. Nähdä kaikki värivivahteet, seurata kuinka luonto liikkuu, tuntea miltä ihollaan tuntee, vetää happea välillä ajatuksen kera ja samalla nauttien luonnon tuoksuista. Jos oli luonnonantimia tarjolla, niin samalla napostelin niitä.

Monesti tieni vei veden äärelle. Vesi rauhoittaa minua hyvin paljon. Meillä oli oma lohilampi, joka oli hyvin kirkasvetinen. Oli mukava seurata vedenalaista elämää istuessa laiturilla. Jotenkin luonnon ihmeet vain aina jaksoivat ihmetyttää ja sain ajan kulumaan siinä hyvin nopeasti. Kotiin palatessa ei enää mikään painanut mieltä ja olo oli hyvin levollinen. Toinen tapani, jolla olen rauhoittanut itseäni, varsinkin nuorempana, oli laulaminen. Laulujen avulla muutenkin tuli purettua tunnetilojaan auki. Äitini lauleskeli kotona monet kerrat tai hyräili. Äidin laulun kuuntelu toimi myös rauhoittavana tekijänä. Laulaminen kulkee meillä suvussa, koska samoin myös tyttäreni laulelee useasti.

Musiikilla tai yleensäkin äänillä on iso merkitys meihin. Se voi ärsyttää, sillä voi tuoda tunnetilojaan esille ja se voi rauhoittaa mielen. Toisille taas äänettömyys on parempi vaihtoehto rauhoittumiseen.

Sisältään voi myös etsiä rauhanpaikan, jonne kaiken hälinän ja kiireen keskellä voi hetkeksi paeta. Se voi olla muisto tai tunnetila. Keskittymällä hengittämään, sulkemalla silmänsä ja viemällä ajatukset tähän paikkaan, voimme rauhoittaa mieltämme ja kehoamme aina silloin, kun tarvitsemme hetken rauhoittuaksemme.

Itsellä on kotona tila tai paikka, minkä koen sellaisena rauhoittumisen tilana. Siinä on hyvä olla ja pystyn paremmin keskittymään. Yleensä tunnen, että onko energia jossain kohdassa hyvä ja jos ei ole, siirryn toiseen paikkaan. Etsin monesti myös luonnossa liikkuessani sellaisen paikan, jossa energiat tuntuvat hyviltä. Pysähdyn tähän paikkaan ja nautin siitä hetkestä.

Unikin tuntuu tulevan paljon helpommin silloin, kun olen saanut itseni rauhoitettua. Välillä tuntuu tulevan liiankin nopeasti levollinen, rauhallinen tunne ja meinaan nukahtaa liian nopeasti.

Nyt tässä kirjoittaessani rauhasta ja kun mietin miltä sisäinen rauhani tuntuu, alkaa tulla tunne, että voisin pitää nyt taukoa ja mennä koirien kanssa sohvalle hetkeksi pitkälleen. Rapsutella karvaturreja ja olla vain.

Tällainen rauhoittuminen tekee hyvää, kun elämme sellaisessa kiireyhteiskunnassa. Koko ajan pitää suorittaa ja olla menossa. Listat ovat pitkiä, mitä pitäisi ehtiä tekemään. Ja kenellä on vielä lapsiarki tähän kaiken päälle, niin kyllä tuohon väsähtää pelkkään ajatukseenkin.

Monesti se on se kehosi, josta loppuu veto ja siksi saatat nukahtaa helposti paikoilleen jäädessä. Mieli ja hermosto jatkaa edelleen samoilla kierroksilla. Siksi pitäisi oppia oikeasti rauhoittumaan eikä vetää itseään niin väsyksiin, että sammuu paikoilleen. Näillä on ihan eri vaikutukset kehoon.

Itsellä on nykyisin tapana kävellä paljain jaloin ulkona kesäaikaan ja villasukat jalassa talvella. Saa mukavasti purettua ylikierroksia kehostaan maadoittuessa. Maadoittua voi myös silloin, kun rapsuttelee eläinystäviä tai koskettamalla puita kulkiessaan luonnossa. Erityisesti pyrin maadoittumaan aamulla herätessä ja koiria ulkona käyttäessä sekä illalla ennen nukkumaan menoa.

Toinen kehoa rauhoittava tapani on kulkea normaalissa vuorokausirytmissä. Herään aamulla auringon noustessa ja otan vastaan aamun säteet. Illalla taas ennen nukkumaan menoa katselen auringon mailleen painumista. Lisäksi käytän keltaisia päivä laseja, kun istun koneen äärellä tai tiloissa, joissa on liian kirkkaat valot. Illalla käytän ennen nukkumaan menoa oransseja laseja. Olen huomannut näiden auttavan ja lisäävän kehon rauhoittumista.

Jatkuva stressitila ja ärsykkeet saa kehomme olemaan ylikierroksilla kokoajan ja voi olla jopa hankalaa rauhoittaa kehoaan ja mieltään. Tällaisen tilan pitkään jatkuessa voi tulla isojakin terveysvaikutuksia, joiden takia voi joutua jäämään pitkälle sairauslomalle.

Itselläni hermosto ärähti niin, että oli pakko opetella rauhoittamaan kehoa kaikilla mahdollisilla tavoilla. Laitoin siksi itseni tärkeimmäksi asiaksi omassa elämässäni. Oli aika todenteolla huomioida kehoni ja mieleni tarpeet.

Tämän takia on hyvä opetella ymmärtämään millainen on rauhantunne. Se vaikuttaa niin laajasti ja kun lopulta löytää sopivat keinot, kuinka pystyy ottamaan rauhantunteen sisälleen, ei enää tästä halua luopua. On niin mahtavaa tuntea rauha sisällään.

Välillä meditoin tai kuuntelen meditatiivisia tarinoita, joiden avulla pystyn tehostamaan tunnetilojani. Joskus kuuntelen vain luonnon ääniä koneelta.

Voit kokeilla eri tapoja, mitkä sinulle sopii ja miten pääset tällaiseen rauhantilaan. Oli tapa mikä tahansa, niin samaan yhteyteen kannattaa aina lisätä tietoinen hengittäminen. Itse teen ainakin viisi syvään hengitystä rauhoittumisen yhteydessä. Joskus enemmänkin, jos keho sitä vaatii.

Rauhan tilassa on hyvä katsoa omaa minäkuvaansa ja unelmakarttaansa, miten näihin saisi tuotua rauhantilan. Koska ethän halua vaan vauhdilla mennä eteenpäin unelmiesi kohdalla, vaan nauttia unelmien täyttymisestä. Etkä halua minäkuvaasi rauhattomuutta.

Kun mietit minäkuvaasi ja unelmiasi, anna Rakkauden tulla luoksesi auttamaan ja löytämään rauhantunteen.

On todella vapauttavaa, kun otamme rauhan vastaan.

Luku 14

Naisellisuus

Naisellisuus

Nyt on sinun aikasi loistaa kaikessa kauneudessasi.

Kirjoitan tässä enempi naisellisuudesta ja sen näkökulmasta, koska kirjoitan itsestäni ja omasta matkastani minuuteen, mutta asiaa voi myös ajatella miehisyyden kantilta. Jokainen tietenkin itse päättää, mikä tämä heille itselleen on. Kaikki kokemuksemme, ajatuksemme, tarinamme ja uskomuksemme vaikuttavat siihen, millaiseksi koemme itsemme. Naisellisuus on yksi puoli, johon aloin kiinnittämään huomiota. Ymmärsin, että olin kadottanut oman naisellisuuteni jossain vaiheessa. Tai tarkasteltuani asiaa, aloin hahmottaa missä vaiheessa oli näin päässyt käymään. Olin muuttanut itseäni liian 'äijämäiseksi', koska tuntui, että pärjätäkseen miesten maailmassa oli oltava miesmäinen. Tein töitä hyvin miehisissä työympäristöissä, tehdastöissä.

Myöhemmin muutin vielä enempi lisää itseäni niin, että koko olemukseni muuttui todellakin miesmäiseksi. Tukka lyheni todella lyhkäiseksi, melkein kaljuksi. Pukeuduin todella rennosti ja miesmäisiin vaatteisiin. Kävelin, istuin miesmäisesti, puhuin miesmäisesti, siis kaikin puolin aloin vaikuttaa mieheltä.

Joitakin kuvia löysin itsestäni juuri ennen kuin aloin tehdä mielentyötä sekä mielentyöni aloituksen jälkeen, niin olin järkyttänyt, kuinka voikin niin paljon ihminen muuttua. Näytin niissä kuvissa niin voimakkaasti mieheltä. Näin vahvasti tarinat ja uskomukset muuttaa jopa ulkonäköämme. Menin ihan sanattomaksi ja tuijotin vain järkyttyneenä itseäni noista kuvista. Ainoa ajatus, mitä toistelin mielessäni oli – mitä hittoa.

Siinä vaiheessa aloin todella miettiä omaa naisellisuuttani. Olin jo ennen tätä huomiota kiinnittänyt katseeni naisellisuuteen tai tuli tunne, että voisi enempi alkaa käyttämään koruja, laittaa hieman meikkiä ja kasvattaa lyhkäisestä hiusmallista pitkää mallia. Tuolloin oli tukkani ihan normi lyhyt.

En ollut syventynyt asiaan enemmälti, kunnes nuo vanhat kuvat avasivat näkemään naisellisuuden ihan eri valossa. Varsinkin, kun aiemmin nuorena ja muutenkin siihen asti olin ollut naisellisempi, kunnes aloin muuttamaan uusilla tarinoilla itseäni miehisempään suuntaan. Ja tämä tarina muodostui siksi, että pystyin työssäni olemaan vahvempi miehisessä ympäristössä.

Naisena ei ole helppoa työskennellä miesten maailmassa. Vaikka luulisi, että tasapuolisuutta jo olisi, niin ei tämä joka alalla näy. Varsinkin, jos ylemmillä tasoilla on miehiä, jotka pitävät naisia heikompina. Tämä näkyy siinä, kuinka arvostetaan naisten työtä, mitä naisille opetetaan, tiettyjä työrooleja ei anneta naisille ja vähätellään naisten tuomia asioita esille. Palkkaero on myös selkeä eikä naisille nosteta samalla tavalla palkkaa, jos et pidä todella tiukasti puoliasi.

Tämän takia ei enää jaksaisi tehdä töitä tällaisessa miesten maailmassa, koska joudut muuttamaan itsesi joksikin sellaiseksi, mikä et halua olla ja aina saat olla taistelemassa sekä pitämässä puoliasi vain siksi, koska olet nainen.

Miehien on huomattavasti helpompi edetä työssään ja liian monta kertaa olen nähnyt, kuinka miehet hankkivat kaverilleen parempia työpaikkoja, vaikka osalla ei ole minkäänlaista pätevyyttä tai osaamista kyseiseen työtehtävään.

Ei ole helppoa pitää kiinni naisellisuudestaan tällaisissa työympäristöissä.

Nyt kun katson taaksepäin, niin en voi kuin ihmetellä, miten asiat ovat vaikuttaneet ja kuinka asiat ovat vähitellen edenneet. Tämä on ollut yksi paras asia mielentyöni matkalla, että oppii näkemään asioita uudella tavalla ja kiinnittää huomiota siihen, miten asiat ovat vaikuttaneet minuun.

Sen lisäksi, että huomasin oman naisellisuuden kadonneen, niin olen kiinnittänyt muihin naisiin huomiota. Vertaan myös suomalaisia naisia ulkomaalaisiin naisiin. Olen tehnyt huomioita, että suomalaiset naiset eivät ole niinkään naisellisia kuin ulkomaalaiset. Aina on poikkeuksia, tietenkin.

Kun muualla naiset tuo omia naisellisiaan piirteitään esille rohkeasti, suomalainen nainen piilottaa niitä. Peittelemme vartalomme muotoja vaatteisiin, jotka eivät myötäile muotojamme. Osa vaatteista on hyvin miesmäisiä. Myös värit ovat miesmäisiä, tummia.

Ennen naiset pitivät mekkoja enempi. Tänä päivänä nähdään monesti housut naisilla. Edes kesäisin ei näe niin usein mekkoja tai hameita. Joskus miettinyt kaupassa mekkoja katsellessa, että ei juuri näe missään henkilöitä, joilla olisin nähnyt myynnissä olevia mekkoja päällään. Olen alkanut miettiä, käytetäänkö mekkoja vain juhlissa tai kotona.

Piiloudummeko kotiimme, sinne turvalliseen paikkaan ja siellä uskallamme olla naisellisempia? Ja edelleen, poikkeuksia on. Näin Karjalassa asuessa täälläpäin naiset ovat enempi miehisempiä kuin Etelä-Suomessa asuvat naiset. Tai sitten se johtuu siitä, että etelässä on enempi ihmisiä ja siksi näkee naisiakin enemmän.

Sen lisäksi, että pukeudumme miehisemmin ja pidämme vartaloamme piilottelevia vaatteita, niin monen kävelytyyli on miesmäinen. Askeleemme ovat raskaampia, kovempia ja jäykempiä. Lantiomme ei keinu kävellessä ja tuntuu, ettemme halua edes näkyä.

Samoin pidämme olkapäämme edessä, kävelemme eteenpäin kyyryssä, katse maahan nauliutuneena. Pyrimme olemaan näkymättömissä, huomaamattomia ja piiloudumme johonkin.

Koska olemme naisia, niin miksi kävelemme niin kuin peittelisimme naiseutemme, vartalomme, muotomme ja varsinkin naiseuden merkin – rintamme. Suomalaisilla tuntuu olevan joku outo käsitys rinnoistamme. Ikään kuin olisimme tyrkyllä, kun tuomme rintamme esiin. Kuin olisimme maksullisia naisia, jos korostamme rintoja. Petollisia ja viekkaita naisia, jotka ovat iskemässä muiden naisten miehiä rintojemme avulla.

Vaikka olen nainen ja olen hetero, niin silti osaan ihailla sitä, kun joku nainen osaa tuoda oman naisellisuutensa esille. Ja erityisesti, jos kantaa naiseutensa eleganttisesti, varmasti omassa voimassaan, niin kyllä silloin ei voi muuta sanoa kuin wau.

Mutta minä näenkin kauneutta siellä, missä moni muu ei näe. Voi olla, että siksi katson asioita eri tavalla.

Keskustelin ystäväni kanssa tästä naiseuden häviämisestä. Kiinnitettiin yhteen asiaan huomiota, että kouluissa ei enää opeteta naiseuden sääntöjä. Silloin kun itse olin lapsi, niin jo silloin oli vähentynyt huomattavasti tällaisen puolen opetus.

Jos katsomme 50- ja 60- lukua, niin silloin vielä on ollut opetuksessa ja kasvatuksessa enempi sukupuolisempaa kasvatusta eli pojille opetettiin esimerkiksi olemaan kohteliaita, avaamaan ovia tytöille ja huomioimaan heitä. Toki tyttöjä pidettiin silloin hentoina, joita pitää suojella. Tyttöjä opetettiin puolestaan olemaan kauniita, kuinka istua ja liikkua tai puhua.

Vaikka en ihan kaikkea ottaisi tänä päivänä kasvatukseen mukaan, mutta aika paljon kuitenkin. Ulkomailla näkee enemmän tätä roolijakoa, yksityisissä kouluissa vielä enempi.

Olisiko tasapuolisuuden vaatiminen viety liian pitkälle ja tämä muuttanut meitä monella tapaa? Onko se vienyt naisiltamme naisellisuuden?

Minulla ei ole mitään sitä vastaan, millaiseksi kukin itsensä tuntevat. Jokainen saa olla minun puolestani sellainen, kun se itsestään tuntuu hyvälle. Käsittelen tässä vain perusteita ja huomioita, mitä olen tehnyt itseni kautta.

Sen lisäksi, että olemme piilottaneet naiseutemme ja muuttuneet enempi miehisiksi, on sillä myös toinen puoli. Miehemme ovat menettäneen samassa suhteessa miehisyyttään. Tässäkin asiassa voimme vertailla miehiämme ulkomaalaisiin ja 50- ja 60-luvun miehiin. Eroa löytyy selvästi.

Miesten olemus on muuttunut huolettomammaksi. Näin ainakin itse asiaa kuvailisin. Parrat ja viikset eivät ole kaikilla huoliteltuja ja hiuksetkin saattavat pörröttää, joka ilman suuntaan. Toiset kulkevat takki auki ja alla oleva paita näyttää olevan jo ajat sitten kulunut ja joillakin jopa reikiintynyt. Ja suurin osa kulkee mustissa vaatteissa. Tällaiseen habitukseen lisätään vielä se, että kävellään pää painuksissa, katse lattiaan päin, askel kaikkea muuta kuin varma ja suunpielet alaspäin, niin kyllä sitä kovasti alkaa kaivata 50- ja 60-luvun miehiä. Toki tässäkin asiassa osa pitää kyllä huolen ulkonäöstään.

Jotkut miehet eivät ole kiinnittäneet huomiota pukeutumiseensa. Muistan, kuinka isäni aina samalla tavalla kuin äitinikin, huolitteli ulkonäköään ennen kuin lähdettiin kotoa kyläilemään. Vaatteet valittiin tarkasti ja miehetkin käyttivät enempi värikkäämpiä vaatteita. Nykyisin kaikki tuntuu pukeutuvan mustiin kaikin tavoin.

On tietenkin poikkeuksia ja joillekin miehille pukeutuminen ja huolittelu on hyvinkin tärkeää. Toiset onnistuvat todella hyvin valitsemaan itselleen hyvin edustavat vaatteet ja selkeästi huolittelevat hiuksensa ojennukseen ja pitävät partansa siistinä. Mutta tämä ei vielä tee miehestä miehisempää, vaan se, kuinka mies kantaa itsensä. Näyttääkö varmalta ja vahvalta omassa miehisessä voimassaan vai onko ylimielinen tai jopa epävarman oloinen.

Ryhti kertoo paljon ja minne katsoo kulkiessaan tai miten katselee ympärilleen. Vahva ja varma, joka on selkeästi omassa miehisyyden voimassaan, niin tästä huokuu sellainen tunne, että voit naisena luottaa ja turvautua tällaiseen mieheen. Se herättää oman naiseuden entistä enemmän esille. Ja tämän takia tarvitsemme enemmän omassa miehisyyden voimassaan olevia vahvoja ja varmoja miehiä, jotta naiset voivat kokea olevansa enempi naisia.

Jos verrataan 50- ja 60-luvun miehiä tämän päivän miehiin, niin on heissä iso ulkonäöllinen ero. Ryhti on ihan erilainen, miehet osaavat olla miehisesti rentoja ja nauravia. Lihaksisto on jäntevämpää ja ruumiinkieli on ihan erilaista naisten lähellä. Miehet ovat varmoja omassa miehisyydessään.

Tämä onkin yksi asia, johon jo aiemmin kiinnitin huomiota. Kun miehet ovat terveellä tavalla vahvoja omassa miehisyydessään, silloin naisen on todella helppoa olla vahva omassa naiseudessaan.

Jos katsomme julkisuuden henkilöitä varsinkin ulkomaalaisia, niin monikin osaa ottaa naisensa varmasti lähelleen, niin että nainen tuntee olonsa turvalliseksi ja naiselliseksi, kauniiksi. Suomalainen mies taas koskettaa naistaan hyvin tönkösti, pitäen naisensa etempänä. He eivät ota todella naistaan lähelleen. Ikään kuin se olisi liikaa tai kokisivat, ettei näin saa tehdä, mutta jos nyt otetaan kuvia, niin pakon edessä kosketan julkisesti naistani.

Herää kysymys, miksi me piilottelemme niin montaa asiaa? Miksi piilotamme itsemme, naisellisuutemme ja miehisyytemme? Miksi emme pysty tehdä itseämme näkyväksi ja kuulluksi? Mitä me pelkäämme?

Niin kuin olen sanonut, suomalaiset vähättelevät itseään. On kuin suuri synti, jos nostamme itsemme esille. Toiset alkavat osoitella heitä, jotka uskaltavat tulla esiin tai sanoa jotain sellaista, jota pidetään suorastaan tabuna. Miksi ihmeessä? Milloin me aloimme näin paljon pelkäämään elämää?

Niin paljon kysymyksiä. Itse haluan kysymyksien avulla herättää miettimään asioita. Uskallan myös nostaa sen kissan pöydälle, vaikka kaikki alkaisi sähistä ja kynsiä. Se on toki luonnollinen reaktio siihen, kun joudumme mukavuusalueeltamme pois tai joku tuo jotain sinne kuulumatonta mielestämme.

Meidän kuitenkin pitäisi pystyä kehittymään ja kasvamaan. Maailma muuttuu kokoajan ympärillämme ja jotta voimme vastata muutoksiin, on ensin pystyttävä muuttamaan itseämme ja ajatuksiamme. Voimmeko olla riittävän vahvoja ottaaksemme muutoksen tuulet vastaan? Vastaus on kyllä.

Jokainen meistä on oppivainen, jos vain haluamme oppia. Ja jos osaamme lopettaa vastustamisen, huomaamme, ettei asiat olekaan niin pahasti tai joku asia ei ole niin kamala, kuin miksi olimme sen päässämme luoneet. Tarinamme ja uskomuksemme siellä vain puhuvat ja reagoit siten alitajunnastasi sen mukaisesti. Palatakseni naisellisuuteen, niin pitää muistaa, että tämä puoli meissä tekee meidät vahvoiksi. Se ei tee meitä heikommiksi tai että meidän pitäisi alentaa itsemme, koska olemme naisia.

Millä tavalla naisellisuus sitten näkyy ja tuntuu? Tässä pätee aivan samat asiat, kuin jo alussa toin esille, miten vahvat ja varmat persoonat näkyvät. He kävelevät selkä suorassa, olkapäät alhaalla ja takana rentona sekä heidän ryhtinsä on hyvä. He uskaltavat katsoa suoraan eteenpäin kävellessään ja katsoa ihmisiä silmiin. Naisina emme piilota vartaloamme eli hyvä ryhti ja asento nostaa täysin normaalisti rintammekin esiin. Naisen askelien kuuluu olla keinuva ja kevyt. Lantiosi saa keinahdella puolelta toiselle. Sinä voit hymyillä kulkiessasi. Sinä hehkut sisäistä kauneuttasi ulospäin. Tunnet naiseuden voiman. Tunnet Rakkauden voiman.

Jos haluat vielä enemmän miettiä, miten naiseus näkyy, voidaan katsoa kuinka kätesi liikkuvat. Missä pidät käsiäsi ja kuinka kosketat niillä vaikka kasvojasi. Naiseus on kuin sulosointuja, jotka näkyvät jokaisessa liikkeessäsi. Kuinka liikutat päätäsi tai keimailetko naisellisesti.

Millä tavalla puhut, millainen on kielesi eli millaisia sanoja käytät.

Voidaan miettiä, kuinka istut, onko se naisellinen tai tunnetko itsesi sellaiseksi istuessasi. Kun seisot paikallasi, kuinka lantiosi asettuu. Voit harjoitella näitä peilin edessä ja kotona vaikka ruokaa laittaessasi, millainen on asentosi, röhjötätkö vaan vai osaatko seisoa suorassa hyvässä ryhdissä.

Alkuun voi olla hankalaa sisäistää uusia tapoja. Niin kuin yleensäkin, joudut tekemään toistoja, kunnes liikkeet tulevat lihasmuististasi. Opettele nauttimaan naiseudestasi. Se on sinun oikeutesi.

Samalla tavalla voi miehetkin miettiä omaa ryhtiään ja asentoaan. Pyritkö vaan löhöämään vai voitko seisoa suorana ja ryhdikkäänä. Jos katsotaan näitä asentoja peilin kautta, niin kumpi näyttää paremmalle? Kummalta haluat näyttää?

Tässäkin asiassa auttaa muutoksessa uusi tarina ja uskomus itsestäsi. Mielemme on vahva ja sinne saadaksemme muutosta joudumme purkamaan vanhaa pois. Kun alamme uskoa uuteen minään, helpottuu myös muutos ulkoisen olemuksemme osalta.

Itsellä tämä muutos on nyt menossa ja ei ole ihan helppoa muuttaa syvälle pinttyneitä tapoja. Mietin kuitenkin paljon enempi jo, kuinka naiseus minussa näkyy, kun lähden asioille sekä myös kotona.

Olen kiinnittänyt huomiota siihen, että minut aletaan huomata. Kun ennen tuntui sille, että ei juuri katseita enää näy, niin nyt katseet jopa välillä liikkuvat sitä mukaa, kun minä liikun. Enkä välttämättä ole edes laittautunut, vaan se naiseus heijastuu sisältäni ulos. Kun tuntee olonsa naiseksi, muuttaa ryhtiään, niin sinä alat näkymään.

Toki jos edelleen haluat piiloutua, niin jatka samalla tavalla. Elämä on täynnä valintoja ja jos et halua muuttua tai et vielä ole siihen valmis, että tulet näkyväksi, niin jatka toki piiloutumista.

Jo aiemmin puhuin tästä näkyväksi tulemisesta. Onhan se pelottavaa, jos sinut aletaan nähdä. Jos ei koe normaalina olla näkyvillä, niin silloin on hyvä käsitellä asioita, mitkä tähän ovat vaikuttaneet. Toiset pystyvät luontaisesti esiintymään isonkin yleisön edessä. Suurin osa kuitenkin ennemmin piiloutuu sinne yleisöön.

Ehkä elämä tuntuu helpommalle, kun piiloudumme? Älä kuitenkaan hävitä itseäsi kokonaan, jos edelleen haluat jatkaa piilossa oloa.

Minulla oli nuorempana esiintymisen pelko. Ala-asteella piti luokan edessä välillä lukea jotain täysin yksin ja se oli ihan kauheaa. Yhtä tarinaa lukiessani luokkakavereideni edessä, oli todella lähellä, etten ottanut ja pyörtynyt. Silmissä sumeni viimeiset lauseet niin, että näkyi vain valkoista. Onneksi olin lukenut tekstin kotona niin monta kertaa, että osasin loppuosan ulkoa. Monia muitakin kertoja oli, kun alkoi huimata.

Eroni jälkeen, kun moni asia alkoi selkeytyä ja sain pikku hiljaa itseluottamusta, niin pystyin enemmän olla näkyvillä ja puhua ihmisten edessä. Selkein muutos tapahtui viisi vuotta eroni jälkeen, kun lähdin aloevera tuotteiden jälleenmyyjäsi. Kun muut aloittivat turvallisesti myymällä läheisilleen, työkavereille ja ystäville tuotteita, niin minä aloin soitella päiväkoteihin ja vastaaviin esittelyaikoja.

Jos joku olisi sanonut minulle tuosta muutoksesta, kun olin vielä entisen mieheni kanssa yhdessä, olisin varmaan pyörtynyt pelkästä ajatuksesta. Kuinka minä voisin joskus uskaltautua puhumaan ja esittelemään tuotteita? Minä, joka ei mieheni mielestä osannut puhua tai olla juuri mitään?

Mutta niin sitä vain olin muuttunut niin, että kävelin reippaasti ensimmäiseen paikkaan katse eteenpäin, hymyillen innosta ja varmana, että nämä tuotteet ovat niin huippu hyviä. Ei jännittänyt yhtään liikaa, vedin esittelyn kuin olisin tehnyt tätä ennenkin ja sain myydyksi ihan hyvin tuotteita ensikertalaiseksi.

Olin tuolloin myös paljon naisellisempi ja oli ihana pukeutua sekä laittautua.

Tästä vieläkin isompi muutos on, kun menin ensimmäiseen isompaan tapahtumaan tämän jälleenmyynti työn puitteissa. Siellä katsomossa istuessani ja kuunnellessani kasvutarinoita, niin iski tunne ja sanoin ihan ääneen, että minä haluan myös jonakin päivänä nousta tuonne lavalle ja puhua yleisölle omaa tarinaani. Se hetki oli kuin olisi valaistunut ja olin niin varma, mitä halusin.

En toiminut kuitenkaan kuin pari vuotta jälleenmyyjänä ja siirryin sitten tehdastöihin. Lavalle en tuona aikana noussut, mutta toimin kuitenkin tiiminivetäjänä ja sain näin hyvää kokemusta muuten. Myöhemmin toimin reilun 1,5 vuotta vuoroesimiehenä tehtaalla.

Vaikka kuinka olin kokenut vastustamista, minua oli yritetty ajaa näkymättömiin sekä pienennetty, puhumattakaan niistä monista minulle kerrotuista tarinoista millainen minä olen, niin silti olen pystynyt nousta esille ja toimia rooleissa, joista vain uneksin aiemmin, että mihin minä pystyisin.

Tie voi olla pitkä, siihen voi mahtua paljon, mutta kun lopulta pääset siihen pisteeseen, kun todella voit olla kaikesta vapaa – se tuntuu ihan himputin hyvälle.

Olen lisännyt naisellisuuden minäkuvaani ja unelmakarttaani. Haluan vahvistaa tätä puolta minussa ja olla rohkeasti nainen.

Aion taas tehdä itseäni näkyväksi naiseuteni avulla. Teen sen itseäni Rakastaen – Rakkauden voimalla.

Luku 15

Henkisyys

Henkisyys

Tietoisuutesi kasvaessa kasvaa myös henkisyytesi.

Mitä on henkisyys? Itselle tämä tarkoittaa kahta eri näkökulmaa, omat kokemukset ja uskonnollinen näkemys. Monelle ensimmäiseksi voi tulla mieleen uskonnollinen asia, mutta se on muuttunut käsittämään enempi merkitystä ja tarkoitusta elämään.

Kuten olen tuonut esille, itselle oppaana on toiminut korkeampi voima. Toisaalta ajattelen korkeamman voiman olevan yksi taho, toisaalta se koostuu monesta tahosta. Eli se voi olla yksittäinen asia tai se voi olla moniulotteinen.

Sanana korkeampi voima on jo itsessään hyvin voimallinen, ainakin minusta.

Itselle tämän takana on Jumala, Arkkienkelit ja universumi – kolmen suuren voiman yhdistelmä. Korkeampaan voimaan välillä yhdistän korkeamman minäni. Toki tietenkin tämä voima sisältää aina sen itselle suurimman asian – Rakkauden.

Tähän ei ole niin yksiselitteistä vastausta, vaan se riippuu meistä jokaisesta, miten haluaa asioita katsoa. Jokaisella on tähän varmasti oma näkemys eikä siksi mielestäni mikään vastaus ole sen paremmin oikea kuin väärä. Ja tässä näen juuri elämän rikkauden, kun asia ei ole täysin mustavalkoinen vaan siinä on värejä.

Tällaisista asioita tykkään myös keskustella eli on aivan ihana nähdä millaisia ajatuksia kellekin herää ja jos on hyvin avoin miettimään asioita, niin keskusteluista tulee silloin värikkäitä ja voi laajeta hyvinkin monipuoliseksi.

Minä olen muutenkin hyvin puhelias ihminen. Jos on hyvä keskustelukumppani ja pystytään avoimesti keskustella asioista, niin montakin tuntia voi vierähtää täysin huomaamatta. Syvälliset ja hyvät keskustelut ovat sellaisia, joista sielukin tuntuu nauttivan.

Henkisyys onkin itselle sitä monesti, että pystyy kehittämään itseään ja olla avoin uusille ajatuksille. Omien kokemuksien myötä voimme kohota omassa henkisyydessä lisää, jos uskallamme ottaa muutosta vastaan.

Tietenkään kaikki ei halua puhua henkisesti tai henkisyydestä juuri siksi, että joko sitä pidetään liian uskonnollisena asiana tai sitten katsotaan kieroon, mikä ihmeen kukkahattutäti tuossa yrittää tuollaisista höpöhöpöjutuista puhella minulle.

Toisaalta on mukava seurata, miten ihmiset ottavat vastaan henkisyyden. Jo pienestä lähtien olen seurannut ihmisten käyttäytymistä eri tilanteissa ja katsonut, miten he reagoivat joihinkin asioihin. Ihmiset paljastavat niin helposti todelliset ajatuksensa niin monella tapaa. Monelle voi olla kaikista tutuin se, että vaihdetaan aihetta tai puhutaan päälle, silloin kun kuulija ei halua asiasta keskustella. Olet osunut hermoon.

Toiset sanovat suoraan, että tästä asiasta en keskustele ja yleensä tällaiset henkilöt poistuvat saman tien paikalta. Vaikeista asioista ei haluta puhua, ei haluta kohdata sitä. Tässä voi olla takana se, että henkilö tietää asian olevan näin, mutta ei halua kohdata totuutta. Tai henkilö ei tiedä, miten sen kohtaisi. Ehkä asiaa ei ole ehtinyt itse käsitellä ja tutkia tai ei vaan haluta myöntää mitään, varsinkin jos itse on jotain aiheuttanut.

Henkisellä tasolla oleva pystyy paremmin kohdata asioita. He voivat olla avoimempia, rehellisempiä ja pystyvät puhumaan asioista suoraan. He ovat paljon vahvempia ja varmempia omassa voimassaan. Kun puhuu totuuden äänellä, ei ole mitään pelättävää.

Olen monesti huomannut tämän, että kun puhuu asian niin kuin se on, mitään siihen lisäämättä, niin on jotenkin helpompi keskustella. Sinun ei tarvitse miettiä sanojasi tai muistaa aikaisempia puheitasi aiheesta. Olet paljon vapaampi, kun puhut totuudesta käsin.

Tämä on hyvä muistaa myös tarinoiden ja uskomuksien kohdalla, että luo uudet tarinat totuudesta käsin. Silloin on helpompi muistaa, mitä nämä pitävät sisällään. Sielukin kiittää, kun et keksi kaikenlaisia tarinoita ja selityksiä, joiden avulla mustennat sydäntäsi ja tuot sieluusi pimeyttä. Totuus on tiesi valoon ja vapauteen. Henkisyys on itsensä vapauttamista kahleista. Olet vapautesi ansainnut. Kun pystyt muuttamaan ajatuksesi totuuden mukaiseksi, se vaikuttaa tunnetilaasi ja se näkyy käyttäytymisesi muutoksena. Meidän on opittava myötätuntoinen ja hyväksyvä asenne. Noustessasi omassa henkisyydessäsi saatat kokea vastustusta eri tasolla olevien kanssa. Voi olla, että et enää halua olla tiettyjen henkilöiden kanssa tekemisissä tai haluat hyvin voimakkaasti jollakin osa-alueella elämässäsi muutosta.

Tällöin älä vastusta tätä tunnetta, vaan kohtaa se ja ota kiitollisena vastaan tämä ohjaus. Olet valmis menemään eteenpäin ja jättämään taaksesi tämän vaiheen, henkilön tai jotain muuta, riippuen minkä kohdalla muutoksen tunne on tullut.

Henkinen kasvu luo tilaa myös runsaudelle. Kun alat tietoisesti ymmärtämään asiat ympärilläsi ja niiden vaikutukset, osaat poistaa esteitä ja alat kutsumaan runsautta puoleesi.

Itse olen huomannut, kuinka oma tietoisuus on laajentunut. Alkanut näkemään kokonaisuuksia eri elämän osa-alueilla ja miten kaikki alkaa sulautumaan yhteen. Ymmärrän omien ajatuksieni vaikutukset ulkopuolelle. Osaan nähdä uskomuksien ja tarinoiden taakse, purkaa niitä ja luoda uusia. Samalla omat tapani toimia tietyissä tilanteissa ovat muuttuneet. Kaikki kietoutuu yhteen. Jokaisella asialla on merkityksensä ja paikkansa.

Korkeammassa tietoisuudessa eläessä elät Rakkauden kautta. Osaat ajatella Rakkaudesta käsin ja tehdä asioita sydämestäsi lähtien. Et anna enää minkään vaikuttaa ulkopuolelta ja voit olla varma omassa voimassasi.

Näet paremmin mahdollisuudet ja eri polut. Pystyt aistimaan asioita eri tavalla. Tunnet eri energiat ja alat näkemään mikä on hyvä ja mikä paha. Ymmärrät, että jokaisen tapahtuvan asian takana on tehty valinta. Olit valinnan tehnyt sinä itse tai joku muu, mutta aina takana on jonkun tekemä valinta, mikä on johtanut tiettyyn tilanteeseen.

Ymmärrät, kuinka voit muokata ja luoda asioita ajatuksiesi kautta. Tiedät sinulla olevan luomisen voimat.

Henkisyys ja tietoisuus yhdistyy siirtyessäsi seuraavalle tasolle. Olet siirtynyt virtaan ja voit antaa nyt virran viedä. Tunnet Rakkauden ja runsauden ympärilläsi.

Korkeampi minä on se osa sinua, mikä on sinun tietoisuudessasi. Tämä korkeampi minä tietää jo kaiken, vastaukset ovat olleet kokoajan sinun sisälläsi. Kun pystyt nousta ylöspäin tietoisuudessasi, saat paremman yhteyden sisäiseen minääsi. Tämä voima on ollut aina ohjaamassa sinua.

Meditoimalla pystyt saamaan yhteyden korkeampaan minääsi ja pyytää häneltä vastauksia. Voit saada häneltä myös vastauksia uniesi kautta.

Äitini näki välillä hyvin voimakkaita unia, jotka toteutuivat välillä aika tarkkaan tai selkeä yhteys oli nähtävissä johonkin. Äidilläni oli unikirja, mitä hän lueskeli välillä. Itsekin lapsena tutkiskelin unieni tarkoitusta kirjasta.

Omat uneni ovat välillä hyvin selkeitä ja muistan joskus yksityiskohdat hyvinkin tarkkaan tai muistan tunnetilat sekä mahdolliset tuoksut. Joskus tunnen ihollani jonkun unessa tapahtuneen asian liiankin hyvin.

Ihan täysin tarkkaan en muista minkään uneni tapahtuneen toteen, mutta joskus olen huomannut jotain yhtenäistä valvetilassa tapahtuneen asian kanssa.

Meille annetaan hyvin monella tapaa merkkejä. Yritetään viitoittaa tietämme tai näytetään valoa johonkin suuntaan. Se riippuu sitten meistä, huomaammeko, olemmeko valmiita ottamaan tietoa vastaan tai ymmärrämmekö viestin merkitystä. On helpompi ottaa vastaan ja käsitellä saatua tietoa, kun olemme nousseet henkisyyden ja tietoisuuden tasolla ylöspäin.

Henkisyyden ja tietoisuuden laajenemiseen liittyy myös ruumista poistuminen. Viimeisellä tasolla pystymme poistumaan kehostamme ja matkustaa minne ikinä haluammekaan. Itse en ole vielä tällä tasolla. Olen kuitenkin kerran tietoisesti irtaantunut kehostani. Tämä tapahtui vuosia sitten, ennen kuin aloitin mielentyön matkani. Olin ennen tätä tapahtumaa lukenut tällaisesta vastaavasta kokemuksesta. En muista enää, mistä kirjasta tätä luin, mutta se liittyi siihen, että poistuessaan kehostaan ei voinut enää tuntea kipua.

Muistin tämän lukemani asian, kun istuin hammaslääkärin kidutuspenkkiin ja aloitettiin poraamaan. Kirjassa oli neuvottu rentouttamaan jokaisen lihaksen yksi kerrallaan, niin hyvin kuin se on mahdollista tällaisen kivun hetkellä ja keskityttävä tuntemaan olonsa rauhalliseksi sekä rennoksi. Samalla tietenkin keskittyen hengittämään.

Ajattelin, että nyt on hyvä tilaisuus kokeilla, toimiiko tämä. Ja sehän toimi.

Olin laittanut silmäni kiinni, jotta pystyin keskittymään hetkeen paremmin. Kuulin kyllä, että henkilökunta jutteli keskenään ja että aloitettiin poraamaan. Sitten tapahtuikin jotain. Kaikki äänet hävisivät täysin ympäriltäni. Tuli syvä hiljaisuus.

Säpsähdin tilannetta ja aukaisin silmäni. Tajusin leijuvani ruumiini yläpuolella, noin 15 sentin korkeudella. Olin irtaantunut kehostani. Samantien palauduin kehooni kuitenkin takaisin. Tilanne ei siis kestänyt hetkeä pidempään. Olin ihan hämilläni. Katselin hoitohenkilökunnan puoleen, että näkivätkö he tämän. Mitään merkkejä en nähnyt, että olisi jotain outoa tapahtunut heidän mielestään.

Siinä sitten meni aika ihmetellessä penkissä, että mitä oikein tapahtui. En ole pystynyt enää tekemään tuota irtaantumista uudestaan. Mielentyöni aikana olen tuntenut oloni keventyneen meditoimisen aikana, mutta vastaavaa tilannetta en ole saanut aikaiseksi. Ehkä vielä joku päivä onnistun tässä.

Olen lukenut näitä kehosta poistumisen tarinoita ja jälkeen päin olen kuullut joidenkin kertoneen omia kokemuksia tähän liittyen. Moni on kokenut tilanteen kerran, mutta toista kertaa tällaista tilannetta ei ole tullut.

Kuoleman läheisyydessä, kun henkilö on ollut kliinisesti hetken ajan kuollut, niin tällaiset henkilöt puhuvat paljon näistä rajakokemuksista. Sielu on irtaantunut kehosta. Monelle tämä on ollut käänteen tekevä kokemus ja he ovat lähteneet muuttamaan elämäänsä ja sitä suuntaa, minne elämässään ovat olleet menossa.

On todella mielenkiintoista ymmärtää, miten korkeampi henkinen ja tietoinen taso mahdollistaa tällaisenkin kokemuksen.

Jokaisella meistä on mahdollisuus kasvattaa henkisyyttämme ja tulla enemmän tietoiseksi asioista, jos uskallamme lähteä muuttamaan itseämme.

Minäkuvaamme katsoessa ja siihen muutoksia tehdessä, annetaan tilaa myös henkiselle kasvulle. Tämä auttaa näkemään mahdollisuutesi ja tuo runsautta sinulle. Ja kun yhdistät unelmakartan minäkuvasi kanssa, niin vahvistat unelmiesi toteutumista.

Henkinen muutos luo kasvulle tilaa. Uskalla kokeilla, et menetä siinä yhtään mitään.

Luku 16

Kasvu

Kasvu

Kasvu on kehittymistä uudeksi minäksi.

Olen käynyt läpi tässä mitä on Rakkauden voima ja kuinka minäkuvalla on merkitystä asioihin. Miten unelmakarttaan vaikuttaa irti päästäminen, kiitollisuus, luottamus, vapaus, hyväksyntä, uskomukset ja tarinat, anteeksianto, arvostus, runsaus, rauha, naisellisuus ja henkisyys. Nämä kaikki vaikuttavat kokonaisuuteen sekä että kaiken pitää olla linjassa ja synkassa.

On aika käydä seuraavaksi läpi kasvua. Kuinka tämä kaikki on kasvattanut minua, missä vaiheessa olen nyt ja minne tästä seuraavaksi?

Ensimmäisenä pitää ottaa esille se, etten olisi osannut ajatella kirjoittavani kirjaa itsestäni. Vaikka olenkin kirjoitellut ylös asioita paljon tämän mielentyön aloitettuani, niin ihan kirjaksi asti tätä kaikkea en olisi uskonut lopulta laittavani.

Lukiessani kirjoittamista varten tekstejäni, olin näköjään aika alkuvaiheessa mielentyötä kirjoittanut kohdan kamalat ideat. Mitään muuta en ollut sen alle kirjoittanut kuin kirjan kirjoitus. Nauroin tälle ääneen, että nyt tämä kamala idea toteutuu. En tiedä manifestoinko asian vai jäikö ajatus muhimaan mieleeni, koska myöhemmin aloin toki ajatella asiaa enemmän.

Voinkin nyt sanoa, että niistä kamalistakin ideoista voi syntyä jotain kaunista. Se on kasvamista, kun uskaltaa nähdä asiat eri valossa. Jos katson elämääni taaksepäin, niin onhan siinä montakin kasvupyrähdystä ollut. On kasvanut monen kokemuksen yli, paljon osannut jättää taakseen ja siirtynyt eteenpäin.

Monta kertaa olen tuntenut olevansa yksin. Pisin vaihe, jolloin koin enemmän yksinäisyyttä vuosien ajan monella tapaa, oli eroni jälkeinen vaihe suunnilleen lasten yläkouluikään asti. Tämä vaihe kesti noin 10 vuotta.

Olin kirjoittanut ylös ajatuksia eron alku vaiheessa, miltä minusta oli tuntunut. Minut on siis kasvatettu vanhojen ajatusmallien mukaan eli vanhan kansan tyyliin. Tytöt tekevät tyttöjen juttuja ja pojat poikien. Älä tuota suvullesi häpeää. Ohjeita ja sääntöjä pitää noudattaa pilkulleen. Yhdessä pysytään, vaikka mikä olisi. Nainen tarvitsee miehen elääkseen, jne.

Olin kirjoittanut vihkoon eroni jälkeen, että kuinka äiti on osoittanut häpeävänsä minua, koska olen eronnut. Ja että en osaisi elää oikein, kun minulla ei ole miestä. Tunsin tunnetta, että olen tehnyt jotain todella väärin. Tunsin, että olen avuton tyttö rukka ja elämäni olisi suorastaan tuhoon tuomittu.

En enää edes muistanut tuossa vaiheessa lukiessani kirjoittamiani tunteita. Aikaa oli kulunut jo 18 vuotta tuosta kirjoituksesta. Muistin kyllä heti, miltä minusta tuntui ja että asia vaivasi minua hyvän aikaa. Jos muistatte, että kirjoitin jo aiemmin, miten koin jo nuorena olevani se pahnan pohjimmainen – se, joka ei tiedä mistään mitään. Kyllä sitä ihmettelee näin jälkikäteen, kuinka onkin kaikesta noussut. Tai mitä on läpi käynyt. Olen kokenut olevani äärimmäisen huono ihminen, kun olen eronnut narsistisesta miehestäni. Tämä suhde söi minulta itseluottamukseni ja itsetuntoni. Minua aivopestiin vuosien ajan niin, että annettiin kuva, kuinka huono olet kaikin tavoin. Olet kokenut niin henkistä kuin fyysistä väkivaltaa. Olet masentunut ja menettänyt elämänvalosi, mutta silti sinun olisi pitänyt pysyä tällaisen miehen kanssa, vaikka väkisin.

Jos en olisi eronnut, olisin varmaankin pakkopaidassa hullujen huoneella pääräni seinään lyömässä tai parin metrin syvyydessä mullan alla. Kiitos, mutta minä haluan elää ja tämän miehen kanssa elämä olisi ollut tuolloin kuolemista.

Eron jälkeen tunsin jääväni yksin. Kun kotona ei tosiaan osattu puhua huonoista kokemuksista eikä asioita käsitelty, niin ei minulla ollut ketään kenelle todella puhua näistä kaikista asioista, mitkä olin sisälleni piilottanut. Monikaan ystävä tai kaveri ei myöskään tiennyt eikä osannut sanoa oikein mitään. Enemmänkin tuntui, että karteltiin ja kierreltiin.

Silloinen naapurini oli myös eronnut ja hänestä löysin keskustelukumppanin, jonka kanssa aloin ensimmäisen kerran purkamaan asioita. Oli helpottavaa saada puhua ja kun sinua ei syyllistetty mistään, vaan ymmärrettiin täysin. Ja että sinua uskallettiin katsoa suoraan silmiin, kun puhuit ulos tunteitasi tai kokemuksiasi.

Kun palaan mielessäni tuohon aikaan, niin kyllä se oli aikamoista vuoristorataa. Sitä käyttäytyi välillä ihan käsittämättömällä tavalla, kun olotila sisällä oli yhtä sekamelskaa. Tuntui kuin olisi kaikki iskenyt yhtä aikaa päälle. Ei ole ihme, että meni pitkään löytäessäni tasapainoa tuohon kaikkeen. Miten paljon se on vaatinutkaan.

Lapset jäivät minulle, vaikka yhteishuoltajuus sovittiin, niin silti minä olen ollut käytännössä yksinhuoltaja. Lasten isällä ei tuntunut olevan aikaa eikä ajatusta riittävästi lapsilleen, uusi nainen vei kaiken huomion. Sen lisäksi tuntui, että kaikki hylkäsi minut. Ikään kuin, että kerta halusit lähteä omillesi, niin ole sitten omillasi. Katsotaan osaatko kasvattaa lapsesi yksin. Tuntui, että odotettiin minun epäonnistuvan täysin, koska olin niin reppana tapaus, joka ei tiedä mistään mitään.

No vuodet ovat vierineet eikä noista minun lapsistani ole tullut yhteiskunnan heittiöitä, alkoholisteja tai muutenkaan epäonnistuneita. Poika on opiskellut filosofian maisteriksi ja tytär on tehnyt töitä nuoresta iästä lähtien ja opinnot suorittanut lukiossa. Kummallakin asiat todella hyvin eikä missään vaiheessa ole ollut mitään isompia ongelmia. Ja tulevaisuuden suunnitelmiakin ovat tehneet, aika näyttää miten niiden kanssa käy.

Toki olen saanut ihmetystä myöhemmin, kuinka olenkin näyttänyt kaikille närhen munat, kun en olekaan täysin epäonnistunut. Kiitos kuuluu itselleni ja lapsilleni sekä suomalaiselle sisulle.

Koko ajan olen halunnut kehittyä enemmän. Helpompaa olisi ollut, jos olisin saanut enemmän tukea ja ymmärrystä läheisiltäni sekä osannut ymmärtää jo vuosia aiemmin, miten mielentyöllä olisi voinut käsitellä asioita nopeammin ja selkeämmin. Mutta niin kuin olen monesti sanonut, kaikella on tarkoituksensa, aikansa ja paikkansa.

Olenko sitten katkera kaikille heille, jotka käänsivät selkänsä tai eivät uskaltaneet sanoa mitään, silloin kun olisin odottanut ystävällisiä ja tukevia sanoja? Ei, en ole enää katkera. Olin kyllä vuosien ajan ja hautasin jossain vaiheessa nämä tunteeni syvälle sisälleni. Aloin purkaa näitä tunteita ulos mielentyöni matkan alkaessa. Niin kuin moni muukin haava, nämäkin olivat edelleen kipeitä eikä ollut helppoa ottaa esille sitä kaikkea tuskaa, minkä olin piilottanut.

Kävin useita kertoja asioita läpi. Aina välillä löysin uutta aiheeseen liittyen. Purin niin pitkään, kunnes olo oli tyhjä. Koin kiitollisuutta siitä, että olin saanut kaiken ulos sisältäni ja olin valmis lopultakin vuosien jälkeen parantumaan. Olin valmis antamaan kaikille anteeksi.

Ymmärrän kyllä, että kaikki ei osaa tai tiedä, mitä sanoa, jos ei uskalla muutenkaan itse käsitellä tunteita. Itse olen hyvin tunteellinen ollut koko ikäni, se on osa minua. Olen siksi opettanut omille lapsilleni, että kaikki tunteet ovat ok ja että tunteistaan voi puhua. Olen opettanut heille, että tilanteita ja asioita on hyvä katsoa monesta eri suunnasta. Asiat eivät ole mustavalkoisia ja meidän pitää pystyä kohtaamaan erilaisia tilanteita.

Meidän aikuisina ja vanhempina pitäisi osata opettaa lapsilleen näitä taitoja, jottei sitten elämän isojen muutosten kohdalla kokisi olevansa yksin ja yrittää sitten ymmärtää omia tunteitaan tai kuinka tilanteiden yli pääsee.

Monesti sain kuulla tätä tyypillistä sanontaa, että sitä pitää vaan ottaa itseään niskasta kiinni ja lopettaa säälissä pyöriminen. Sehän se on suomalainen tapa, älä vollota siinä. Ei ole ihme, jos traumoja syntyy ja masennukset kasvavat, jos emme osaa käsitellä asioita ja ymmärrä miten paljon pahaa nämä tällaiset kulahtaneet ajattelutavat tekevät meille.

On ollut iso asia itselle oppia mielentyön aikana, kuinka muiden kertomat tarinat minusta ja uskomukset siitä, miten asioiden pitäisi olla, ovat

190

vaikuttaneet minuun. Ja kuinka purkamalla nämä sekä tekemällä tilaa uusille, paremmille tarinoille itsestään ja ottamalla uudet uskomukset elämäänsä, ovat vihdoin alkaneet tekemään ehjäksi ne viimeisetkin kohdat minusta.

Tämän kasvuni aikana olen huomannut, kuinka tyttärestäni on kasvanut samalla sieluni sisko. Tuosta itsepäisestä pienestä tytöstä, joka ei äitinsä tavoin ollut kiinnostunut nukkeleikeistä ja meni ennemmin veljensä mukana. Hän kasvoi vahvaksi naiseksi, joka tietää, mitä tahtoo. Minun tyttäreni – sieluni sisko.

Lapseni ovat luoneet myös heidän välilleen syvän yhteyden. Vaikka lapsena välillä velipoika hermoilikin, kun sisko änkeää aina mukaan joka paikkaan, mutta toisaalta tuo sinnikkyys on ollut luomassa yhteyttä heidän välilleen. On ollut ilo seurata heidän kasvuaan, ja sitä miten heidän polkunsa on muodostunut.

Ei aina ole kaikki ollut helppoa, mutta kaikesta huolimatta kaikki meni paremmin kuin hyvin ja heistä kasvoi vahvoja, itsenäisiä persoonia.

Koska olemme olleet yksinhuoltajaperhe, niin lasten ja minun välini ovat samalla muodostuneet hyvin läheisiksi. Olemme omalla tavallamme ydinperhe. Ja vaikka olisin 80-vuotias, niin en lopeta lapsistani huolehtimista ja heidän parhaaksi toimimisesta. He ovat suurimmat ja ihmeellisimmät aarteeni. He tekevät minusta paremman ihmisen. Olen ylpeä kummastakin ja Rakastan niin paljon heitä.

Jokaiselle annetaan se oma polku, mitä kuljemme. Meille annetaan se, mikä meidän parhaaksemme on ja se on juuri sillä hetkellä se, mitä tarvitsemme. Omat valintamme vaikuttavat siihen, mihin suuntaan jatkamme polulla. Polun risteyksissä teemme valintamme niillä sen hetkisillä tiedoilla ja ymmärryksellä. Olisimme ehkä voineet välillä valita helpoimman tien, mutta koska emme aina ole valmiita risteyksen tullessa eteemme, emme aina osaa valita itsemme parhaaksi. Meidän pitää tällöin kasvaa vielä lisää.

Pidän itsensä kehittämisestä ja olen oppinut työelämän kautta kyseenalaistamaan asioita sekä katsomaan, mikä on juurisyy ja pureutua siihen. Olen saavuttanut vihdoin sen, kuka minusta pitikin tulla. Olen vihdoin kasvanut ja vahvistunut omaan voimaani. Tästä eteenpäin vain kehityn lisää. Hion niin sanotusti itseäni, kuin raakaa timanttia.

Voin seuraavaksi ottaa vastaan unelmani ja saavuttaa päämääräni.

Olen saapunut sieluni kotiin.

Luku 17

Päämäärä

Päämäärä

On aika yhdistää asiat yhteen.

Lähdin kirjoittamaan kirjaa Rakkaudelta minulle koko sydämeni voimalla. Halusin saada sieluni ehjäksi ja kääntää sen tärkeimmän sivun elämästäni. Aloittaa sen viimeisen ja tärkeimmän lukuni – onnellisen loppuelämän, joka on täynnä iloa ja seikkailuja sekä tietenkin paljon Rakkautta. Ymmärsin, että se mikä minut on tekevä ehjäksi, on Rakkaus. Ottamalla Rakkauden vastaan avaan ovet elämän valolle. Olen purkanut minäkuvaani Rakkaudella. En ole antanut minkään negatiivisen vaikuttaa siihen. Olen edennyt rehellisesti, aidosti, suoraan ja avoimesti – totuuden kautta. En enää selittele, kiertele tai kaartele. Seison selkä suorana, ylpeänä itsestäni ja voin rehellisesti sanoa puhuvani omaa totuuttani.

Ihmiset liikaa piiloutuvat sanojensa taakse eivätkä uskalla sanoa totuutta ulos. Pelätään sitä, mitä muut ajattelevat. Tämä suomalainen kansa ei oikein pysty uskomaan itseensä. Keskitytään liikaa vääriin asioihin. Jos joku on jostakin sitten tiettyä mieltä aletaan heti sanomaan hänelle, kuinka asian pitäisi olla ja että lopeta heti tuollaiset puheet, ettet paljasta tai nolaa itseäsi.

Eli meidän pitäisi olla aina jonkun mieleinen ja jos et ole, sinulle aletaan osoittaa paikkasi. Minkä ihmeen takia? Miksi et voisi olla erilainen ja millä tavalla se on jonkun muun elämästä pois, jos sinä puhut omaa totuuttasi?

Ihmiset tiggeröityvät niin helposti tänä päivänä ja ovat kuin verenhimoisia eläimiä toisiaan kohtaan. Olenkin monesti sanonut, että ehkä näiden olisi aika hankkia oma elämä tai keskittyä omaan elämäänsä. Itse en enää pitkään aikaan ole jaksanut ajatella jatkuvasti tuollaisella tavalla.

Mielentyöni aikana olen osannut päästää irti juuri noista samoista kaavoista, mitä moni muu vielä kulkee. Se vaati taustalla olevien asioiden purkua eli pitää olla valmis kohtaamaan ja tekemään muutoksia.

Meidän ei tarvitse piiloutua vaan voimme tulla näkyviksi. Meillä on oikeus tuoda oma äänemme kuuluvaksi. Ei ole yhtä oikeaa vastausta sille, miten asioiden pitää olla. On monia vaihtoehtoja ja niistä meidän pitää osata valita itsellemme se, mikä tuntuu oikealle. Eikä meidän tarvitse taivuttaa muita tähän samaan kaavaan, koska olemme yksilöitä ja se tekeekin meistä juuri täydellisiä – oma erikoisuutemme.

Vaikka olen saavuttanut suurimman päämääräni, sieluni eheytymisen, on vielä muita päämääriä saavutettavana. Nämä liittyvät unelmiini. Olen puhunut unelmakartasta ja nyt on aika yhdistää unelmakartta omaan uuteen minääni, siihen kuka todella olen.

Jotta voimme saavuttaa unelmamme, on meidän jokaisella tavalla pystyttävä värähtelemään unelmiemme tasolla. Tämän takia olen käynyt montaa osioita läpi, että voin purkaa kaikki esteet pois ja mikä minua on jarrutellut.

Tähän pisteeseen tullessani koen nyt syvää rauhaa ja luottamusta eikä enää tarvitse miettiä, miten kaikki tulee tapahtumaan. Minun tarvitsee vain jatkaa elämääni niin kuin ennenkin, mutta kokemalla suurta Rakkautta ympärilläni ja luottaa, että kaikki tapahtuu juuri sillä hetkellä kuin sen pitääkin tapahtua.

Pidän silmäni ja korvani auki, näen eteeni tulevat mahdollisuudet ja tartun niihin ilman suurempaa miettimistä, jos intuitio niin tuntee. Ne on annettu minulle. En enää jää miettimään, vaan tartun rohkeasti. Minä en menetä siinä mitään, jos kokeilen eri mahdollisuuksia. Minä menetän siinä, jos jään miettimään ja empimään. Silloin mahdollisuus ehtii mennä ohitseni.

Suurimmat unelmat tulevat niille, joilla on leijonan rohkeus sydämessään. He tuntevat syvää rauhaa unelmiaan kohtaan ja antavat universumille vapaat kädet toteuttamaan nämä. Tässä vaiheessa ei enää pidä tuntea pelkoa millään tasolla, vain luottamusta.

Itse koen rauhan olevan sydämessäni suurempana kuin koskaan. Tunnen sen laajenevan joka kerta, kun näen auringon valon nousevan taivaalle. Tuo valo on energianlähteeni, joka saa aina minut heräämään ja tuntemaan tunnetta, että kaikki on taas hyvin. Tuo valo on suuri elämän valo. Elämä virtaa, kun valo loistaa.

Koen itse loistavani samalla tavalla. Tuo elämän valo heijastuu minusta ja vahvistaa kaikkea. Haluan tämän valon tekevän meistä kaikista vahvempia. On aika astua varjosta valoon ja antaa Rakkauden kohottaa meitä.

Olen maininnut monesti korkeamman voiman, mihin uskon ja turvaudun. Minulle tämä korkeampi voima on Jumala, Arkkienkelit ja universumi – kaikki yhdessä. Heihin minä luotan ja turvaudun tällä matkallani. He ovat antaneet minulle merkkejä, minne minun on mentävä, katsottava ja mitä huomioitava. Ilman oppaita olisi tieni ollut vielä pidempi tai ehkä en olisi koskaan voinut saapua edes perille ja saada sieluani ehjäksi.

Me tarvitsemme voiman lähteen, josta saamme energiaa. Tämä korkeampi voima on samalla se suurin Rakkaus. Minä opin ymmärtämään, että korkeampi voima haluaa Rakastaa minua ja minun on osattava ottaa tämä Rakkaus vastaan.

Näin syntyi Rakkaudelta minulle -kirja. Tämä kirja on lopullinen, voimallinen sieluni parantumisen ja eheyttämisen loppuhuipentuma.

Seuraavaksi on sinun vuorosi. Anna Rakkaudelle mahdollisuus ja paranna sen avulla sielusi haavat.

Kaikella Rakkaudella, Minulta Sinulle.

Linkkejä ja luettavaa

https://www.marttajemina.com/
https://www.freetoheal.org/
https://www.instagram.com/sydantietoinen_elam
a/
https://valonpolku.com/
https://www.instagram.com/karitatykka/?hl=fi

Mayne, Brian 2016: Goal Mapping -menetelmä. Käytännön työkirja. Kuinka toteutat unelmasi. Viisas Elämä.

Wattles, Wallace D. 2013, 2018: Rikastumisen tiede. Opi ymmärtämään vaurastumisen lait. Viisas Elämä.